KB247214

새학기 성적을 확 올려주는
중학생 30일
방학 공부법

새학기 성적을 **확** 올려주는
중학생 **30일** 방학 공부법

초판 1쇄 인쇄 | 2016년 7월 28일
초판 1쇄 발행 | 2016년 8월 2일

지은이 | 이지은
펴낸이 | 박영욱
펴낸곳 | 북오션 에듀월드

편   집 | 이소담 · 최다혜
마케팅 | 최석진 · 임동건
표지 및 본문 디자인 | 서정희 · 심재원
세무자문 | 세무법인 한울 대표 세무사 정석길(02-6220-6100)

주   소 | 서울시 마포구 월드컵로 14길 62, 4층
이메일 | bookrose@naver.com
페이스북 | facebook.com/bookocean21
블로그 | blog.naver.com/bookocean
전   화 | 편집문의: 02-325-9172   영업문의: 02-322-6709
팩   스 | 02-3143-3964

출판신고번호 | 제2015-000126호

ISBN 978-89-6799-295-8 (13370)

이 도서의 국립중앙도서관 출판예정도서목록(CIP)은 서지정보유통지원시스템
홈페이지(http://seoji.nl.go.kr)와 국가자료공동목록시스템
(http://www.nl.go.kr/kolisnet)에서 이용하실 수 있습니다.
(CIP제어번호: CIP2016016219)

중학생 30일 방학 공부법

이지은 지음

북오션
에듀월드

'이번 방학은 정말 잘 보낼 거야.'

'이번 방학엔 다음 학기 예습해서 무조건 성적 올려야지.'

방학을 앞두고 굳은 결심을 해 놓고도 막상 공부하려면 가슴이 답답해진다.

'계획은 어떻게 세우지?'

'무슨 과목을 공부해야 성적이 오를까?'

방학은 실력향상을 위해 매우 요긴한 시간이지만, 학생들은 한 달 남짓한 기간을 어떻게 써야 할지 모른다. 늦잠으로 오전을 통째로 날려 먹는 것을 기본으로 가족 여행이나 캠프, 수련회 등 방학맞이 행사를 한두 번 치르고 나면 앞뒤 며칠씩 보내느라 금방 한두 주가 지나가 버린다. 제법 진지하게 공부를 하던 녀석들도 매일 비슷한 공부를 한다는 지루함과 답답함에 두리번거리기 일쑤다.

방학을 앞두고 학생들을 만나보면 참 재밌다. 하나같이 자신의 성적이 정말 심각하며 나에게는 특별한 컨설팅이 필요하다고 생각하기 때문이다. 하지만 그 학생들을 만나서 하게 되는 이야기는 사실 거기서 거기다. 그래서 중학생들에게 공통으로 해주었던 방학 공부 컨설팅 내용을 책에 담기로 했다.

책에 등장하는 '동영'이라는 아이는 가상의 인물이지만, 평범한 중학생이다. 동영이가 어떤 상황이고 어떻게 공부할 책을 고르는지, 방학 동안 매일 어떤 공부를 하는지, 공부하며 무슨 생각을 하는지 들여다보면 자연스럽게 나에게 무엇을 적용해야 할지 알게 될 것이다. 이에 더하여 부록에는 학년별 다양한 컨설팅 사례를 정리해두었으니 조금 더 구체적인 아이디어를 얻을 수 있을 것이다.

지금까지 방학이 무의미하다고 느꼈다면 하루하루를 진지하게 보내지 않았기 때문일 것이다.

매일 목표를 세운 공부를 완성하고 그 공부를 위해 수시로 시계를 보며 하루를 지내면 방학이 그렇게 쉽게 지나가지는 않는다. 달력의 날짜대로라면 딱 30일 일 것 같던 방학도 공부하려고 마음먹으면 방학하기 전 놀면서 다니는 학교에서도 공부할 수 있고 개학 후 어수선한 기간에도 공부하게 된다. 즉, 방학은 사람에 따라 10일이 되기도 하며 60일이 되기도 한다.

방학은 학교가 차지하던 공부와 시간의 주도권이 나에게 넘어오는 기간이다. 이것은 인생의 주도권을 준비하는 청소년기에 치러야 할 또 다른 훈련이기도 하다. 그런데도 많은 학생이 학교 대신 학원을 가며 방학을 보낸다는 것은 매우 유감스러운 일이다. 아침부터 학원 수업을 듣고 나머지 시간은 학원 숙제를 하며 보내는 방학생활이라면 '방학을 어떻게 보낼까' 하는 고민도 필요 없을 것이다.

　이번 방학만큼은 학원 대신 내 힘으로 내 공부를 하며 지내보는 게 어떨까. 늦잠과 게으름으로 아무것도 못 할 것 같아 자신이 없겠지만, 시행착오는 부끄러운 게 아니다. 그런 시행착오 좀 해 보라고 방학이 있는 거 아니겠는가. 하나하나 내 공부를 선택하고 책임지는 경험은 필요하다. 내 시간을 내가 쓰고 내 공부를 내가 결정한다는 즐거움이 자신감을 만들어 줄 것이다.

　매 학기 주어지는 방학은 놀라운 선물이다. '나'와 비슷한 동영이의 이야기를 읽으며 나의 방학을 준비해보기 바란다. 이미 방학이 시작된 후라면 남은 방학을 야무지게 챙길 궁리를 해보자.

이지은

주요내용
미리보기

방학 공부 길라잡이

✒ 방학 기간에 공부할 때 지켜야 할 것

이 책에 등장하는 '동영'이는 이번 여름방학을 마치며 자신이 의미 있게 실천했던 것이나 잘하지는 못했지만 다음 방학 때는 꼭 그렇게 하리라 다짐한 내용을 정리했다.

동영이는 다음 방학을 시작하기 전 이 목록을 다시 펼쳐볼 것이다. 방학을 앞둔 독자들도 함께 보자.

1. 기말고사 후 방학식까지의 기간을 허투루 보내지 않는다.
2. 전 학기 취약 과목은 꼭 복습한다. 마지막 복습이니 느리더라도 꼼꼼하게 공부한다.
3. 예습은 스스로 한다.
4. 체험학습 전에는 꼭 사전조사를 한다.
5. 방학 동안만이라도 운동한다.
6. 방학 동안만이라도 책을 읽는다.
7. 공부 계획을 세울 때에는 쉬는 시간을 충분히 확보한다.
8. 한 번 공부하는 분량은 한 시간이 넘지 않도록 한다.
9. 주말에는 보충공부 외의 다른 공부 계획은 잡지 않는다.
10. 공부 계획 수정을 미루지 않는다.
11. 보고서에는 내가 감동한 내용을 담는다.
12. 방학 중 마치지 못한 공부는 개학과 상관없이 계속한다.
13. 방학이 끝나면 방학 생활을 돌아보며 다음 방학에 반영할 내용을 메모해둔다.

해당 내용 [방학 28일 차: 개학 준비]

✒ 방학 공부 표 예시

동영이의 방학 공부 표를 보자. 이렇게 방학 공부를 정리해놓으면 달력을 들춰 볼 필요 없고 매일 무엇을 공부해야 하는지 한눈에 볼 수 있다.

공부 표는 수시로 들여다보며 메모하고 수정해야 하므로 출력해서 들고 다녀야 한다. 공부를 마친 후에는 공부 표에 줄을 그어가며 목표한 만큼 제대로 공부했는지 체크하고, 제대로 하지 못한 공부가 있을 때는 언제 공부할 것인지 표시한다.

독자들이 주의할 것은, 이 표는 한 번에 작성한 것이 아니라는 점이다. 전체적인 틀은 방학 전에 잡아두었지만, 공부를 진행하며 크고 작은 수정을 거쳐 점차 완성했다. 책을 읽으며 동영이가 어떻게 공부 표를 작성해 나갔는지, 어떤 이유로 공부계획을 수정했는지, 추가된 것은 무엇인지 공감해보자.

이 표를 본 후에는 나만의 공부 계획을 만드는 과정이 훨씬 수월할 것이다.

<h2>〈동영이의 공부 표〉</h2>

월	화	수	목	금	토	일
7/4	5	6	7	8	9	10
		기말고사				
11 [−9] 수복: 등식의 변형 책상정리	12 [−8] 수복: 연립방정식의 활용 책상정리	13 [−7] 수복: 일차부등식의 활용 책상정리	14 [−6] 수복: 연립부등식의 활용 책상정리	15 [−5] 수복: 일차함수의 활용 책상정리	16 [−4] 국: 출세기 수복: 보충 책상정리	17 [−3] 책상정리
18 [−2] 국: 수난이대 수복: 보충 책상정리	19 [−1] 국: 수레바퀴 수복: 보충 책상정리	20 방학식 [1] 영독: 1, 2 수예: 1, 2 책상정리	21 [2] 영독: 3. 4 수예: 3, 4 책상정리	22 [3] 수련회	23 [4]	24 [5] 책상정리 영독: 단어복습
25 [6] 수영 영독: 5, 6 수예: 5, 6 책상정리	26 [7] 영독: 7, 8 수예: 7, 8 책상정리	27 [8] 수영 영독: 9, 10 수예: 9, 10 독서·책상정리	28 [9] 영독: 11, 12 수예: 11, 12 독서·책상정리	29 [10] 수영 영독: 13, 14 수예: 13, 14 독서·책상정리	30 [11] 골든 타임 영독: 단어복습 수예: 15, 16 독서·책상정리	31 [12] 독서·책상정리
8/1 [13] 수영 영독: 15, 16 수예: 17, 18 독서·책상정리	2 [14] 영독:17, 18 수예: 19, 20 독서·책상정리	3 [15] 수영 영독: 19, 20 수예: 21, 22 독서·책상정리	4 [16] 영독: 21, 22 수예:23, 24, 25 독서·책상정리	5 [17] 수영 영독: 23, 24 수예: 26, 27 독서·책상정리	6 [18] 등산 독서·책상정리	7 [19] 골든 타임 영독: 단어복습 독서·책상정리
8 [20] 수영 영독: 25, 26 수예: 28, 29 독서·책상정리	9 [21] 영독: 27, 28 수예: 30, 31 독서·책상정리	10 [22] 수영 영독: 29, 30 수예: 32, 33 독서·책상정리	11 [23] 영독: 31, 32 수예: 34, 35 독서·책상정리	12 [24] 수영 영독: 33, 34 수예: 36, 37 독서·책상정리	13 [25] 골든 타임 영독:단어복습 수예:38, 39 독서·책상정리	14 [26] 독서·책상정리
15 [27] 수영 영독: 35, 36 수예: 40, 41 독서·책상정리	16 [28] 영독: 37, 38 수예: 42, 43 독서·책상정리	17 [29] 수영 영독: 39, 40 수예:44, 45 독서·책상정리	18 [30] 개학식 수예: 46 독서·책상정리	19 [+1] 수예: 47 독서·책상정리	20 [+2] 골든 타임 수예: 48(끝) 영독: 단어복습 독서·책상정리	21 독서·책상정리

✐ 매일 공부 표 예시

　매일 공부 계획을 생각할 때는 엄격하게 시간에 묶이지 않아도 된다. 운동, 식사와 같이 장소와 행동이 변하는 굵직한 것들을 기준으로 하고, 그 사이사이에 공부를 배치하면 된다. 이렇게 하면 매일 어떤 공부를 해야 하는지 기억하기 쉽고 부담 없이 실천할 수 있다.

　'2시부터 수학 공부'라고 하면 계속 시계를 보게 되고 어쩌다 2시를 지나게 되면 계획을 지키지 못한 것 같아 괜히 싫은 마음이 들지 않는가. '점심 먹고 수학 공부'라고 하면 점심 먹고 잠깐 독서를 해도 좋고 음료수 하나 뽑아 먹을 여유도 생긴다. 그래 봤자 30분 전후의 차이일 뿐이다.

8시	수영
수영 후 집에 와서	아침식사
아침식사 후 도서관	영어독해 1 수학 1
집에 와서	점심식사
점심식사 후 도서관	수학 2 영어독해 2
공부 마치고 집에 와서	저녁식사
저녁식사 후 잠들기 전	방학 숙제 독서(매일 한 줄이라도)

해당 내용 [방학 6일 차: 매일 공부 흐름]

🖋 공부습관 만들기 체크 표

　새로운 습관을 만들거나 평소 습관을 바꾸려면 뇌에 새로운 회로가 생겨야 한다. 그러려면 평균 21일 정도가 소요된다고 한다. 한번 습관을 만들기가 어렵지, 이 습관을 유지하면 습관을 지키기는 쉽다.

　21일은 방학 동안 해 볼 만한 숫자다.

　운동, 독서, 식습관 등 이번 방학에는 무엇이든 나를 이롭게 만드는 습관을 하나 만들어보자(안 좋은 습관을 고치는 것도 해당한다).

　동영이는 매일 독서에 도전했다. 아래 체크 표를 활용해 실천해보자.

　21일이면 딱 3주다. 첫 1주가 가장 힘들고 특히 3일째가 고비다. 도대체 이걸 왜 해야 하는지 부정적인 생각이 들기도 한다. 자연스럽고 당연한 반응이다. 비몽사몽 상태에서 형식적으로 지나가는 날도 있겠지만, 신경 쓰지 말고 계속하자.

　1주를 잘 넘기면 부모님께 보너스 용돈이나 가족외식 등 즐거운 보상을 요청해도 좋다.

　2주가 지나면 살짝 지루함이 느껴질 만큼 익숙해진다. 긴장이 흐트러지지 않도록 주의하며 집중의 질을 높이는 데 힘쓰자.

3주를 다 채우면 나는 이제 이전과는 다른 수준으로 업그레이드됐다고 봐야 한다. 3주 동안 익숙해진 행동이 자동화 단계로 넘어가려면 2~3개월의 시간이 더 필요하다고 하니 개학 후에도 지속적인 노력이 필요하다.

	1	2	3	4	5	6	7	8	9	10	11	12	13	14	15	16	17	18	19	20	21
실천 날짜																					
체크																					
실천 Tip	3일째가 가장 힘들어요.			첫 주를 성공하면 나에게 선물을 주세요.				2주를 무사히 넘겼다면 반은 성공! 집중의 질을 높이도록 노력하세요.							이제 뇌에 '매일 독서'라는 습관 회로가 만들어졌습니다. 자동화된 행동이 가능해지려면 앞으로 2~3개월이 더 필요해요.						

해당 내용 [방학 8일 차: 독서∝수능점수∝직장/연봉]

Part 1

방학 공부 준비

01

방학 공부는
기말고사 직후부터

동영이를 처음 만난 건 중2 1학기 기말고사를 준비할 무렵이었다. 어영부영 1학년을 보내고 2학년이 되어 치른 첫 시험은 매우 절망적이었다. 1학년 2학기를 자유학기로 보낸 탓에 성적에 무뎌지기도 했겠지만 오랜만에 숫자가 덜컥 찍힌 성적표는 그 자체로 긴장감이 가득했다. 게다가 그 숫자들은 평균을 밑도는 수준이었다.

동영이는 그간 망친 시험을 기말고사로 점수를 만회해야 한다며 누구보다 성실히 공부했다.

시험이 끝난 후 나는 동영이를 다시 만났다.

“시험은 어땠니?”

수도 없이 받았을 질문이었겠지만 시험을 위해 공부를 해왔던 만큼 묻지 않을 수 없었다.

“그냥 그랬어요.”

“중2다운 대답이구나.”

“그래도 중간고사보다는 올랐어요. 선생님 말씀이 맞았어요. 역시 평소에 해 놓은 공부가 있어야 벼락치기를 할 수 있겠던데요.”

공부를 하다 보면 스스로 깨닫는 게 생기는 법. 이런 경험이 쌓이면서 공부하는 사람의 면모를 갖추게 된다.

“방학은 어떻게 보낼 거니?”

“별다른 거 없어요. 그냥 공부 할 거예요. 누나가 고3이라 어차피 가족 휴가는 못 가고요, 학교에서 임원수련회 가는 것밖에 없어요.”

기말고사의 아쉬움이 컸는지 동영이는 여름방학 때 공부만 할 거라며 열을 올렸다.

"대단한데? 그래도 만만치 않을 거야. 여름방학은 짧은데다 더워서 공부가 잘 안 되거든."

"선생님, 저도 내년에는 중3이잖아요. 여름방학을 그냥 보내면 안 될 것 같아요."

"좋아. 그럼 언제부터 공부를 할 거니?"

"언제부터요? 방학 시작하면 해야죠."

"음, 그럼 늦지."

"늦어요? 방학 공부를 방학 때 하지 그럼 언제 해요?"

운동회나 올림픽 경기에서 계주 경기하는 것을 본 적 있을 것이다. 탄탄한 근육질의 단거리 선수들이 바통을 이어주며 달리는 모습은 한 사람이 다 뛰는 것보다 흥미롭다. 계주 경기의 승패는 바통터치에 달려있다. 아무리 빨리 뛰어왔다 해도 바통을 넘겨주는 과정에 실수가 있으면 금방 순위가 밀려나기 때문이다.

그래서 특히 선수들은 바통을 주고받을 때 낭비되는 시간을 줄이려고 애를 쓴다.

먼저 뛴 선수는 가속이 붙어 매우 빠르지만, 바통을 이어받는 다음 선수는 이제 출발을 했으니 이전 선수의 가속을 전혀 활용하지 못한 채 속력이 뚝 떨어지는 것이다.

어떻게 하면 수직으로 떨어지는 속도를 조금이라도 완만하게 이어갈 수 있을까. 방법은 바통을 받을 다음 주자가 바통을 받기 전 미리 달리는 것이다. 미리 달리기 시작하면 속도에 어느 정도 탄력이 붙었을 때 바통을 전달받게 되어 가만히 서 있다가 달리는 것보다 훨씬 빠르게 뛸 수 있다. 바통을 받지 않았지만 전력을 다해 뛰는 것. 바통을 받을 다음 주자에게는 이것이 가장 중요한 임무다.

공부도 그렇다. 공부에 집중하려면, 시험, 축제, 방학, 시험, 수련회 등 이어지는 공부흐름의 바통터치에 신경을 써야 한다. 그렇지 않으면 중간고사 후 놀던 것이 기말고사까지 계속 이어지며, 방학이 끝난 후에도 평소 공부의 리듬을 찾지 못해 벼락치기로 성적을 불안하게 연명할 수밖에 없다.

"이번 방학 때는 정말 공부 열심히 할 거예요."
"다음 학기에는 꼭 성적 올려야 한단 말예요."
"매일 자습실 와서 공부할래요."

방학을 앞두고 학생들은 이번 방학에는 피터지게 공부하겠다며 의지에 불타올라 불끈 주먹을 쥔다. 그러고는 방학이 오기만을 기다린다. 그렇게 공부가 간절하다면 방학이 오기 전부터 공부를 하면 될 텐데 말이다. 가만히 서서 어서 바통을 건네받기만을 기다리면 늦다. 바통이 아직 오지 않았더라도 전속력으로 달려나가야 한다. 그래야 내가 바통을 받자마자 속도를 내어 쭉쭉 나갈 수 있다.

방학 공부라는 바통을 효과적으로 전달받으려면 언제부터 달려나가는 것이 좋을까?

방학 공부의 시작은 기말고사가 끝난 후여야 한다. 시험이 끝났다는 해방감은 하루 이틀만 지나도 시들해진다. 그다음부터는 얼른 방학 공부 모드로 돌아서자.

기말고사 후 방학식 전까지는 약 2주 정도 시간이 있다. 학교에서도 학기 진도를 모두 마친 상태라 정상적인 수업이 진행되지 않는다. 편성된 수업시간은 영화를 보거나 체험학습을 하는 등 학생들이 여유롭게 참여할 수 있는 프로그램으로 운영된다. 그러니 예·복습이나 숙제의 부담도 없다. 하려고만 한다면 내 공부를 마음껏 하기에 딱 좋은 시간인 셈이다.

"방학식은 언제야?"

"7월 20일이요."

"거봐 열흘 이상 남았잖아. 얼른 공부를 시작해. 그래야 남들보다 긴 방학을 쓸 수 있으니까."

　방학의 시작은 방학식이 아니다. 내가 공부를 시작하는 그 순간이 방학의 시작이다. 정해진 날짜보다 10일 이상을 더 쓸 수도 있고 그 반대일 수도 있다.

미국 400m 계주에서 배울 점

바통 인계가 얼마나 중요한지를 잘 알려주는 사례는 미국 육상에서 찾아볼 수 있다.
미국은 육상 강국으로 쟁쟁한 단거리 선수들이 넘쳐나는 나라다. 하지만, 다른 종목에서는 금메달을 휩쓸면서도 유독 계주에서는 약하다.

2015년 베이징 세계 육상 선수권 대회 남자 400m 계주에서 미국은 바통터치존을 넘어서 바통을 받은 것으로 확인돼 실격처리 됐다. 2011년 대구 육상 선수권 대회에서는 세 번째 주자가 바통을 넘기다 넘어져 완주하지 못했고, 2년 전인 2009년 베를린 육상 선수권에서는 바통 인계 구역을 벗어나 예선에서 실격됐다. 2008년 베이징 올림픽 때도 바통을 떨어뜨려 예선 탈락했다. 이렇게 거슬러 올라가 보면 미국이 계주에서 쓴잔을 마신 건 1948년 런던올림픽부터 지금까지 67년 동안이다. 개개인의 기량만 놓고 보면 세계 최강이지만, 계주 연습에는 소홀했다.
세계 육상계는 미국 팀의 징크스를 단지 불운이라고 여기지 않는다. 1948년 한 미국 선수는 "솔직히 바통을 넘겨주고 넘겨받는 훈련을 할 시간이 없었다. 그래서 불안했다."고 고백했다.

하지만 2015년 세계계주대회에서는 우사인 볼트가 속한 자메이카 팀을 누르고 우승을 차지했다. 볼트는 경기 후 인터뷰에서 "미국 대표 팀이 대회 준비를 철저히 한 느낌이다."라고 했다.

한 번 뛰고 마는 단거리와 바통을 주고받으며 달리는 계주는 다르다. 흔들림 없는 바통 인계를 위해 훈련과 연습이 필요하다는 말이다. 평소 공부, 시험, 방학 공부의 특성이 바뀔 때는 이어달리기를 생각하자. 바통 인계가 제대로 되지 않으면 좋은 실력을 갖추고도 예선탈락을 한다. 하지만 바통 인계가 제대로, 정확하게만 된다면 세계신기록도 이길 수 있다.

02

무엇을 공부할까:
우선순위 정하기

"그럼 당장 공부를 시작해야겠네요. 이미 3일이나 놀았는데요."

"시험 끝나고 그 정도는 쉬어야지. 월요일부터 공부하면 돼. 그건 그렇고, 방학 동안 무슨 공부 할 건지 생각해봤니?"

"아직 정하지 않았어요. 그런데, 이번 방학에 수학 공부는 좀 해야 해요. 1학기 내내 공부를 제대로 못 했거든요. 2학기 선행학습도 해야 할 것 같고요."

"다른 과목은?"

"음……. 잘 모르겠어요. 영어는 문법 학원 간다는 애들이 많던데, 저는 문법이 싫어서 학원까지 다닐 생각은 전혀 없어요. 문법

말고 딴 거 하면 안 될까요? 사회, 과학도 한 번씩 보면 좋을 텐데. 국어는 안 해도 되겠죠?"

방학을 앞두고 이런저런 욕심이 많겠지만, 한 가지라도 확실한 성과를 내는 것이 좋다. 무엇을 공부해야 할지 확실치 않다면 일단 떠오르는 대로 종이에 적자. 떠오르는 것을 손으로 적고 눈으로 확인하는 것만으로도 괜한 불안을 덜어낼 수 있다.

수학: 1학기 복습
수학: 2학기 선행
영어: 뭘 하면 좋을까? 문법은 싫어.
사회, 과학: 한 번씩 보면 좋을 텐데.
국어: 안 해도 되겠지?

"정말 써 보니까 몇 개 안 되네요. 조금 전까지만 해도 머리가 복잡했거든요."

"뭔가 할 일이 많을 것 같다는 불안감 때문이야. 불안감은 실천 항목을 구체화할수록 줄어들어. 지금 이렇게 간략하게만 적었는데도 훨씬 좋잖아."

"음. 멋진데요? 이제 이것들을 어떻게 하죠?"

감정의 기복이 심한 사춘기 중고등학생들은 기분에 따라 공부를 하는 경향이 있다. 이 과목 좀 하다가 어려운 문제에 막히면 저 과목으로 옮겨가는 식이다. 이렇게 해서는 '방학 공부'라는 목표를 달성할 수가 없다.

"그럴 때 좋은 방법이 하나 있지."
"뭔데요?"
"우선순위 정하기."
"우선순위요?"
"동영이도 우선순위를 정해봐. 수학 공부가 가장 급하다고 했으니까, 먼저 수학만 생각해보자. 1학기 복습이 먼저지?"

수학은 모든 학생의 방학 공부 중 1순위를 차지한다. 수학은 기초가 없으면 제대로 수업을 따라갈 수 없기 때문이다. 진도 욕심 때문에 선행학습만을 생각하기 쉬운데 수학은 빈틈없는 체계가 중요하다. 이번 학기에 배웠던 수학이 어렵게 느껴지거나 공부에 자신이 없다면 반드시 복습하고 넘어가자.

"네. 그다음이 2학기 선행이요."

"3번은?"

"영어요. 영어는 뭘 하면 좋을까요? 교과서는 그렇게 어렵지 않아서 선행학습까지는 안 해도 될 것 같아요. 다른 애들처럼 문법학원에 다녀야 할까요? 단어를 좀 외워야 할 것 같기도 하고요."

계획은 미래의 내 모습을 미리 결정하는 일이다. 따라서 계획을 세울 때는 그 공부를 하게 될 나를 상상해보아야 한다.

"다니기 싫은 학원을 억지로 가서 뭘 얼마나 배우겠니? 매일 학원 빠질 궁리만 하지 않겠어?"

"그래도 문법이 어렵잖아요."

"그럼 단어는 언제?"

"한 달 동안 단어만 계속 외운다고 생각하면 지겨워서 못할 것 같아요."

영어가 아닌 국어도 문법은 어렵다. 열심히 공부하는 것 같지만, 눈에 보이는 것이 없으니 학원에선 방학마다 이번 기회가 문법을 정복할 수 있는 마지막 기회라며 광고한다. 하지만, 영어는 언어다. 언어는 꾸준히 부지런히 하는 수밖에 없다. 문법을 따로 배운다고 뭐가 확 달라지는 건 아니다. 고등학교 졸업할 때까지 교과서에 나오는 문법만 성실히 공부해도 충분하다.

"그럼 뭘 하죠?"

"교과서는 미리 안 봐도 될 것 같다고 하니……. 독해집을 하나 정해서 풀어봐. 읽을거리가 있으면 덜 지루하지 않을까? 지문 안에 있는 단어들도 공부할 수 있고."

"네. 좋아요."

"벌써 3번까지 정해졌네? 다음은 뭐야?"

"음……. 모르겠어요. 국어는 특별히 할 게 없지 않나요? 사회, 과학은 인강('인터넷 강의'를 줄인 말)이라도 한 번씩 들을까요?"

"'인강이라도' 라니? 인강 한 번 듣는 건 뭐 간단한 줄 아니? 인강도 들으려면 예·복습 하고 문제 풀면서 제대로 해야 하는 거야."

"그래도 주요과목인데 그냥 넘어가기가 그렇잖아요."

방학 공부는 세 가지 이상을 정하지 않는 것이 좋다. 우선순위에서 밀리는 공부들은 학습의욕도 크지 않아 실천율이 떨어질 뿐 아니라 욕심부리면 정작 목표 삼았던 중요한 공부에 집중하지 못하기 때문이다. 특별히 필요성이 느껴지지 않는다면 일부러 공부 거리를 만들 필요는 없다.

"일단 영어, 수학만 해보자. 여력이 있으면 그때 다시 추가하는 게 좋겠어. 지금 생각으로는 다 할 수 있을 것 같지만 직접 해보면 하루에 한두 개 공부 챙기는 것도 만만치 않거든. 국어는 공부라 기보다 책 읽는다는 생각으로 다음 학기에 배울 문학작품들을 읽어봐. 학기 중에는 조금씩 나눠서 배우니까 전체를 감상할 여유가 없잖아. 시간은 많이 걸리지 않을 거야."

① 수학: 1학기 복습
② 수학: 2학기 선행
③ 영어: ~~뭘 하면 좋을까. 문법은 싫어.~~
   독해집
   사회, 과학: ~~한 번씩 보면 좋을 텐데.~~ 이건 나중에 추가
④ 국어: ~~안 해도 되겠어?~~ 2학기에 배울 문학작품 읽기

"다 정했어요. 이제 어떻게 해요? 이 순서대로 매일 공부를 하 면 되나요?"

"우선순위대로 실천을 하는 데에도 한 가지 주의할 점이 있어."

"뭔데요?"

"1번이 끝나기 전에는 절대로 2번으로 넘어가지 않는 거지."

"그럼 하루 종일 수학만 하다 끝날 수도 있겠네요?"

"그렇지."

"만만치 않은 규칙인데요. 뭐 하나 꾸준히 끝내 본 적이 없었던 거 같은데……."

"그러니까 공부에 질서가 없었던 거야. 매일 과목별로 공부 분량을 정하고 그만큼을 다 하지 않으면 다음 단계로 절대 넘어가지 말아야 해. 지금은 하루 종일 수학만 하다 다른 공부는 전혀 못 하는 게 아닐까 걱정이 되겠지만 직접 실천해보면 그렇지 않다는 걸 알게 될 거야. 그 부담이 오히려 공부를 빨리 끝내게 하거든."

이렇게 우선순위를 생각해보면 무엇을 공부할지 공부의 필요가 명료해진다. 시험, 숙제, 시간에 정신없이 쫓기기만 했지 내가 무언가를 정해본 적은 거의 없을 것이다. 방학 때는 내가 할 공부에 대해 스스로 우선순위를 정해보자.

동영이가 우선순위 1번에 '1학기 수학 복습'을 둔 것은 다른 학생들도 본받아야 할 점이다. 방학을 앞두고는 '어떻게 하면 다음 학기 성적을 올릴 수 있을까' 하는 생각에 자꾸 선행학습으로만 마음이 쏠리기 마련인데, 그보다 급한 것은 1학기 공부의 구멍을 막는 일이기 때문이다.

지난 학기에 배운 내용 중 대충 넘어갔거나 자신 없는 상태로 남아 있는 부분이 있다면 다시 공부하자. 취약 부분은 머릿속에만 남아 있는 것이 아니라 마음속에도 남는다. 그래서 다음 학기, 다음 학년, 고등학교 수업에서 연관되는 내용이 나오면 또다시 자신이 없어지는 것이다. 그러다가 나중에는 "난 원래 그 과목 못 해." 하며 그 과목을 통째로 멀리하게 된다. 취약 과목은 이렇게 '만들어'진다.
선행학습보다 열등감 회복이 먼저다.
개념 한두 개, 단원 하나 취약 부분이 작은 단위일 때 보충하자. 기말고사 후 방학 전 며칠은 한 학기의 공부를 되돌아 볼 수 있는 가장 좋은 기간이다.

미국 최대의 철강 회사인 베들레헴 철강의 회장 찰스 슈왑은 어떻게 하면 밀려드는 업무를 최소한의 시간에 많이 처리할 수 있을까를 고민하던 중, 당시 유명한 컨설턴트였던 아이비 리에게 자문했다고 한다. 아이비 리는 이렇게 말했다.

"저녁에 침대 옆에 깨끗한 종이 한 장과 연필을 준비하세요. 그리고 내일 해야 할 일들을 생각나는 대로 쭉 적는 겁니다. 더 이상 생각나지 않을 만큼 적은 다음에 목록들을 보면서 가장 중요한 것 여섯 가지만 선정하세요. 중요한 것과 덜 중요한 것을 선별하는 것은 회장님이 하셔야 합니다. 종이 한 장의 차이라도 더 중요한 것 여섯 개를 선정해서 가장 중요한 것부터 순서대로 배열하십시오."

찰스 슈왑이 물었다.

"그다음에는 어떻게 하면 되겠나?"

"네, 다음 날 출근해서 1번 업무를 목표한 다 끝내기 전에는 2번 업무를 절대 시작하시면 안 됩니다. 하루 종일 1번이 덜 끝나면 2번은 손대지 말아야 합니다. 이것이 꼭 지키셔야 할 규칙입니다. 3번이나 4번 항목이 아무리 강렬하게 회장님을 유혹해도 절대 그 유혹에 넘어가시면 안 됩니다. 반드시 1번을 끝낸 후 2번으로 넘어가십시오. 하루에 다 끝마치지 않으셔도 됩니다."

찰스 슈왑은 미소 지으며 말했다.

"생각처럼 어렵지 않군그래. 오늘부터 당장 실천해보겠네."

찰스 슈왑은 아이비 리의 조언대로 우선순위를 정해 하루 업무를 보았다. 결과는 놀라울 정도로 대만족이었다. 측정할 수 없을 정도로 생산성이 높아진 찰스 슈왑은 감사의 표시로 아이비 리에게 무려 20만 달러를 지급했다. 당시가 1920년대인 것을 감안하면 천문학적인 금액이 아닐 수 없다. (당시 비숙련 노동자의 임금이 33달러 정도였으니 20만 달러는 6천 배가 넘는다. 33달러는 지금 우리 돈으로 약 37만 원. 6천 배면 20억이 넘는다.)

03

어떻게 공부할까 1: 공부교재 선택

무엇을 공부할지 정했으니 이제 어떻게 공부할지 생각해보자.

공부 방법을 정할 때에는 먼저, 공부할 때 도움받을 교재와 강의 등 주요 수단을 결정하고, 그 공부를 매일 어떻게 실천해 나갈지 분량과 시간 등을 세분화해야 한다. 방학 공부는 '방학'이라는 한정된 시간 안에 목표를 달성해야 하는 공부이기 때문에 세분화해서 목표를 세울수록 더 좋다. 이렇게 매일 정해진 공부량을 실천하면, 방학이 끝남과 동시에 계획했던 공부를 완성할 수 있다.

"우선순위대로 수학 복습 먼저 생각해보자. 복습은 어떻게 하는 게 좋을까?”

“사다 놓고 몇 장 풀지 않은 문제집을 이번 방학에 다 풀어보면 어떨까요?”

“안 될 건 없지.”

학기 중에 보던 문제집을 방학 공부교재로 활용하는 것은 좋은 방법이다. 보던 책이니 익숙하고 반복 학습효과를 낼 수 있기 때문이다. 하지만 학생들은 이 과정에서 주객이 전도되는 실수를 한다. 공부의 목적은 잊어버리고 안 푼 문제집 푸는 것에만 정신이 쏠리는 것이다. 그래서 문제집을 풀되 ‘1학기 수학 복습’이라는 공부목표를 염두에 두어야 한다.

“한 학기 내내 했던 것을 방학 동안 모두 끝낸다는 건 어려울 거야.”

“그렇겠죠. 그럼 어떻게 해요?”

“공부가 필요한 부분만 골라 풀면 훨씬 좋지 않을까?”

“오호! 그래도 돼요?”

“아무것도 모르는 상태라면 전체를 다 공부해야겠지만 그런 경우는 드물어. 대부분은 기본개념을 이해하고 있는 상태에서 어려운 문제들을 헷갈리는 정도지. 아니면 슬럼프에 빠지거나 몸이 아프다는 이유로 어느 시기에 공부에 소홀했을 수도 있어. 그럴 땐 잘 모르거나 빠진 몇 단원만 복습하면 되는 거야.”

내가 어느 부분을 잘 모르고 있는지 파악하는 것만 해도 상당한 학습효과가 난다. 기분상으로는 ‘하나도 몰라’인 것 같지만, 책을 펼쳐 확인해보면 복습이 필요한 분량은 생각보다 적기 때문이다. 이렇게 ‘할 만하다’는 자신감이 생기면 공부에 속도가 붙는다.

“목차를 보면서 자신 없는 단원에만 표시를 해봐. 단원명은 다들 똑같을 테니까 우선 공부할 책부터 정하자.”

“뭐로 할까요? 풀다 만 문제집이 한 권 있고요, 제일 앞에 딱 한 페이지 풀고 만 게 한 권, 또 하나는 완전 새 책이에요.”

“난이도는 비슷하니?”

“하나도 안 푼 책만 좀 어려워요. 다른 두 권은 비슷하고요.”

“어떤 공부든 너무 어려운 책으로 욕심을 낼 필요는 없어. 어려운 책은 그냥 두자.”

“풀던 책을 마저 풀까요?”

“그것도 괜찮지만 둘 중 얇은 책이 좋겠어.”

“그럼 첫 장만 풀던 책이에요.”

얇은 책을 택하는 이유는 성취감을 위해서다. 부족한 부분을 보충하기 위해 문제집을 푸는데 분량이 많아 다 풀지 못한다면 '또 못했다' 는 좌절에 빠지지 않겠는가. 수학은 아무리 얇은 문제집이라 해도 상당량의 문제가 들어있기 때문에 복습용으로는 손색이 없다. 이렇게 공부할 책을 고른 후 세부목차를 보며 복습이 필요한 단원에 표시하면 된다.

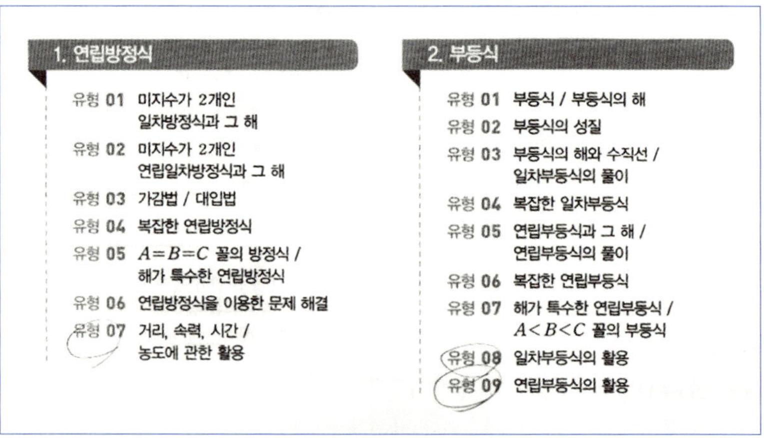

[복습단원 표시 예: 동영이는 중2 1학기에 배웠던 내용 중 복습이 필요한 단원에 표시했다. 수학의 경우 유형별로 세부 목차가 나누어져 있는 문제집을 활용하면 자신이 약한 부분만 공부하기에 편리하다.]

공부할 단원을 정하면 풀어야 할 문제집의 페이지 수가 명확해진다. 이렇게 다른 과목의 공부분량도 고려해 매일 공부할 분량을 결정하자.

"2학기 수학책은 새로 사야겠지?"

"네."

"복습은 얇은 책으로 정했지만, 2학기에 공부할 책은 '방학용'으로 구분할 필요가 없어. 개학 후에 수업 들으며 예·복습 하고 시험공부 할 수 있는 책으로 사. 방학 때 보던 책을 학기 중에도 보는 게 좋거든. 반복효과도 나고."

"다 푼 걸 또 보면 김새지 않을까요? 답이 다 쓰여 있으면 제대로 공부가 안되잖아요."

"반복효과를 내려면 익숙한 책이 좋아. 그래야 부담감이 줄어들지."

"오호~ 그런 방법이 있었군요. 그럼 1학기 때 보던 것으로 살래요."

"영어독해는 어떤 것으로 할래?"

"리딩OO 어때요? 작년에 좀 풀었었는데 다음 단계 책으로 사면 될 거 같아요."

"좋아. 어떤 책이든 내가 직접 고른 책이 공부하기에도 가장 좋은 법이거든."

수학은 공부해야 할 분량이 많다. 다음 학기 준비를 하며 책 한 권을 다 풀어버리겠다는 욕심은 버리자. 스스로 푸는 것이니 어려운 문제까지 욕심내지 않아도 좋다. 개념이해를 하고 기본문제를 풀 정도면 충분하다. 뒤에 이어지는 연습문제, 심화문제 등은 개학 후 수업 진도에 맞춰 복습으로 풀어나가면 된다.

공부할 책은 공부하는 첫날 사는 게 아니다. 계획을 세우는 단계에서부터 필요하다. 방학 동안 어떤 공부를 할 것인지 그 공부를 위해 가장 적당한 책은 무엇인지 생각하고 준비하자.

영어 본문 노트 만들기

동영이는 교과서 예습을 하지 않았지만 어떤 과목이든 방학 동안 다음 학기 교과서를 보는 것은 훌륭한 공부다. 특히, 영어는 모르는 단어, 숙어만 공부해 두어도 훨씬 수업 이해가 빠르다. 방학 동안에는 색다른 방법으로 공부해보자.

1. 교과서 본문 부분을 복사한다. 집에 있는 복합기를 이용해도 좋고 교과서 CD나 출판사 웹사이트를 활용해 해당 페이지를 출력해도 좋다.
2. 복사한 본문을 노트에 붙인다. 여백과 그림을 잘라내면 노트 반쪽 정도 되므로 노트 상단에 붙이고 하단은 메모를 위해 비워둔다. 방학 동안에는 이 노트만으로 공부를 한다.
3. 본문을 한 번 살펴본 뒤 먼저 모르는 단어, 숙어를 미리 공부한다. 뜻을 적을 때는 본문에 바로 적지 말고 노트 여백에 적는다.
4. 본문을 다시 읽으며 해석을 해본다. 해석을 노트에 모두 적을 필

요는 없으며 헷갈리는 부분만 표시한다. 자연히 이 부분은 수업 시간에 더욱 집중하게 된다.

5. 개학 후에도 본문 노트를 교과서 대용으로 쓰며 수업 중 필기도 모두 노트에 한다.

6. 깨끗한 교과서는 시험 때 사용하면 좋다. 모든 공부를 마친 후 공부한 내용을 깨끗한 교과서에 적어보며 공부가 완벽한지 확인하고 최종정리를 한다.

어떻게 공부할까 2: 매일 해야 하는 공부 나누기

방학 동안 목표한 공부를 모두 마치려면 매일 얼마나 공부를 해야 할까.

"딱 한 달이니까 나누기 30하면 대충 나오지 않을까요?"

"뭐 그럴 수도 있겠지. 하지만 방학을 날짜로만 생각해서는 안 돼. 방학 전후로 방학 공부 분량을 얼마든지 확장할 수 있거든. 벌써 너도 방학식 전에 공부를 시작하기로 했잖아."

"그렇네요. 그런데 방학이 끝나도 공부해야 돼요?"

"필요하면 그래야지. 방학 중에 못한 공부가 남아 있기도 하니까."

방학은 짧고 해야 할 공부는 많다. 그러니 야무진 방학 공부를 위해서는 방학 기간을 중심으로 공부가 가능한 날짜를 최대한 확보하자.

여름방학은 7~8월, 겨울방학은 12~1월에 걸쳐 있으니 이 시기를 놓치지 말고 나만의 공부 달력을 만들어 집중적으로 공부하자.

월	화	수	목	금	토	일
7/4	5	6	7	8	9	10
기말고사						
11	12	13	14	15	16	17
18	19	20 방학식	21	22	23	24
				수련회		
25	26	27	28	29	30	31
8/1	2	3	4	5	6	7
8	9	10	11	12	13	14
15	16	17	18 개학식	19	20	21

[방학 공부 계획용 달력: 기말고사 후부터 개학 후 첫 주말까지는 방학 공부가 가능한 기간이다. 모든 날짜를 한눈에 볼 수 있도록 그려두면 일정 잡기가 편하다.]

"이거 그리기가 쉽지 않은데요?"

"자주 해보면 빨리할 수 있을 거야."

"그다음은요?"

"교재별로 공부분량이 얼마나 되는지 봐야 해. 어떤 건 쉴 새 없이 매일 해야겠지만 금방 끝나는 것도 있을 거야."

공부분량을 가늠할 때에는 한 번에 공부할 수 있는 분량(한 시간 이내)으로 작게 보아야 한다. 예를 들어 수학의 경우 목차로만 본다면 1단원 경우의 수 안에 '1-1 경우의 수'와 '1-2 여러 가지 경우의 수' 두 개의 소단원이 있는데, 소단원 하나를 한 번에 다 공부할 수는 없다.

동영이가 가진 문제집은 '1-1 경우의 수'를 다시 세 가지 개념으로 나누어 개념설명 한 페이지와 기본문제 한 페이지로 구성되어 있었다. 그 정도면 한자리에 앉아 한 번에 공부할 수 있는 분량이다.

이렇게 나누어진 개념이 총 48개였다.

① 수학: 1학기 복습
등식의 변형, 연립방정식의 활용, 일차부등식의 활용,
연립부등식의 활용, 일차함수의 활용

"거봐 딱 봐도 영어랑 수학은 40개가 넘잖아. 방학을 30일로만 생각했으면 계산하기 복잡했겠지?"

"수학이 만만치 않겠는데요?"

"계획 세우면서 이렇게 전체를 본 적은 없어요. 예전 같으면 그냥 책 사서 첫 장부터 풀었을 거예요."

"그러다 앞에 조금 풀고 끝나지."

"헤헤! 맞아요."

"수학 복습이 제일 먼저니까 당장 시작하자. 방학 전까지는 별일 없으니 하루에 하나씩 할 수 있을 거야. 그리고 2학기 수학은 하루에 두 개씩 해야겠지?"

"그럼 24일이면 끝나겠네요? 일주일이 남겠는데요?"

"그렇지 않아. 개학식까지 꽉 차게 될 거야."

"왜요?"

"우린 로봇이 아니잖아. 주말에는 쉬는 날도 필요해. 공부가 밀릴 수도 있으니 보충할 시간도 있어야 하고."

"아하!"

"영어독해도 두 개씩 해야겠지? 이건 꼭 순서대로 할 필요가 없겠네? 아무거나 마음에 드는 제목 골라서 푸는 거 어때?"

"오, 고르는 재미! 좋아요."

"그래. 매일 어떤 걸 풀까 기대하게도 되고. 어떻게든 하루에 두 지문씩만 공부하면 되는 거야. 토요일은 하지 않아도 되겠는데? 그럼 토요일은 단어 복습을 하자. 월요일부터 금요일까지 10개 지문을 보게 되니까 모르는 단어도 상당할 거야."

"넵!"

공부를 배치하는 순서는 우선순위대로다. 1번 공부가 모두 끝나면 2번 공부를 시작하는 식이다. 하루에 두 가지 이상의 공부를 하는 경우에도 마찬가지다. 우선순위가 높은 공부를 모두 마친 후에 다음 공부로 넘어간다.

일주일 중 하루는 공부계획이 전혀 없는 날이 있어야 한다. 충분한 휴식이 있어야 다음 공부를 집중해서 할 수 있기 때문이다.

주말에 할 공부분량은 평소보다 가벼운 것이 좋다.

계획한 공부를 모두 했다면 하루 종일 빈둥거리며 쉬고, 주중 못한 공부가 있다면 보충해야 한다.

계획을 세우는 과정은 공부하는 나를 구체적으로 상상하는 과정이다. 책을 펼치며 단원명까지 살펴보는 계획이 귀찮을 것 같지만, 해보면 재미있고 의미가 크다는 것을 알게 된다. 심지어 더 좋은 공부계획이 떠오르기도 한다.

동영이은 영어독해를 하며 단어복습을 따로 할 생각은 못 했었는데 매일 공부분량을 나누다 보니 토요일에 여유가 생겼고 그 시간에 단어복습을 넣었다. 토요일에 영어 공부를 쉬지 않아서 좋고 단어공부를 하면 좋겠다는 애초의 공부의도를 충족할 수 있으니 더욱 좋다.

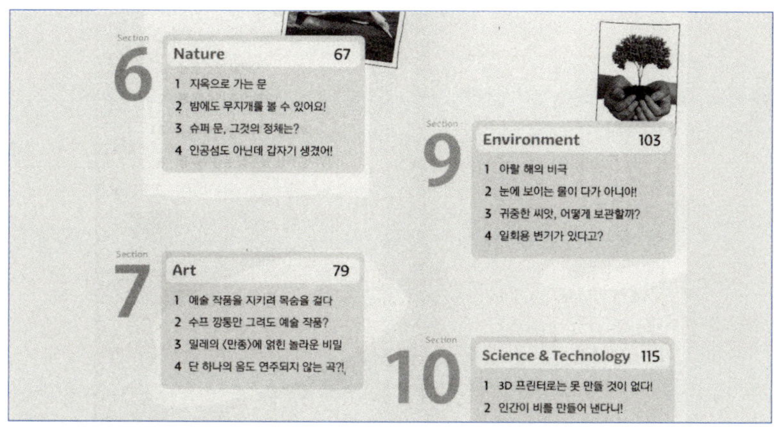

[동영이의 영어 독해집 목차.
난이도나 단원과 상관없이 구성된 독해집은 차례대로 공부할 필요가 없다. 제목을 보고 흥미가 생기는 주제를 골라보자. 영어책을 펼칠 때마다 어떤 부분을 공부할지 고르는 재미를 느낄 수 있다.]

“국어 교과서는 언제 읽을까요? 문학 작품은 ‘수난이대’ 하나밖에 없는데요.”

“문학 단원은 아니어도 분량이 많은 건 미리 읽어두는 게 좋아. 공부 중에 틈틈이 읽어도 되지만 그렇게 하면 계속 미루게 되니까 읽을 날을 정해두자.”

“수학 복습 끝내고 방학 전까지 며칠 비니까 그때 읽으면 좋겠어요.”

“좋아. 이제 너도 달인이구나. 자, 이제 날짜별로 공부할 걸 정리해볼까.”

월	화	수	목	금	토	일
7/4	7/4	6	7	8	9	10
기말고사						
11 수복: 등식의 변형	12 수복: 연립방정식의 활용	13 수복: 일차부등식의 활용	14 수복: 연립부등식의 활용	15 수복: 일차함수의 활용	16 국: 출세기	17
18 국: 수난이대	19 국: 배설물은 생명체의 수레바퀴	20 방학식 영독: 1, 2 수예: 1, 2	21 영독: 3. 4 수예: 3. 4	22 [3]	23 [4] 수련회	24
25 영독: 5, 6 수예: 5, 6	26 영독: 7, 8 수예: 7, 8	27 영독: 9, 10 수예: 9, 10	28 영독: 11, 12 수예: 11, 12	29 영독: 13, 14 수예: 13, 14	30 영독 단어복습 수예: 15, 16	31
8/1 영독: 15, 16 수예: 17, 18	2 영독:17, 18 수예: 19, 20	3 영독: 19, 20 수예: 21, 22	4 영독: 21, 22 수예: 23, 24	5 영독: 23, 24 수예: 25, 26	6 영독 단어복습 수예: 27, 28	7

8	9	10	11	12	13	14
영독: 25, 26 수예: 29, 30	영독: 27, 28 수예: 31, 32	영독: 29, 30 수예: 33, 34	영독: 31, 32 수예: 35, 36	영독: 33, 34 수예: 37, 38	영독: 단어복습 수예: 39, 40	
15	16	17	18 개학식	19	20	21
영독: 35, 36 수예: 41, 42	영독: 37, 38 수예: 43, 44	영독: 39, 40 수예: 45, 46	수예: 47, 48		영독: 단어복습	

[방학 공부 계획표 예: 공부계획을 할 때는 '필요한 과목 고르기–〉 우선순위에 따라 배열–〉 교재와 공부법 선택–〉 매일 공부 분량 나누기'의 과정을 거쳐야 한다. 이렇게 계획하는 동안 공부를 충분히 예상하고 준비하게 되어 공부에 대한 부담도 없어진다.]

"우와~ 그럴듯한데요. 벌써 공부 다 한 거 같아요."

"이건 정말 꼭 해야 할 최소한의 것들이야. 이것도 안 하고 학원이니 인강이니 욕심부릴 수는 없어. 정 뭔가 더 해야겠다면 매일 빠짐없이 계획한 공부를 다 해 본 후에 추가하도록 해."

"옛, 명심하겠습니다!"

———————— 집에서는 절대 집중해서 공부할 수 없다는 학생이라면 방학 동안 어디에서 공부할 것인지 미리 알아봐야 한다. 특히, 여름방학은 어디든 시원한 곳으로 공부 피서를 가는 것이 상책이기도 하다.

학생들에게 가장 공부하기 좋은 곳은 학교다. 방학 때도 일찌감치 일어나 공부하러 학교에 가면 돈도 안 들고 안정감 있게 공부를 이어갈 수 있어 좋다. 학교에서 살다시피 하는 고등학생들은 방학이건 주말이건 학교에서 공부하는 것이 비교적 자연스러운데, 중학생들은 아직 학교가 특별한 곳인 모양이다.

예전에는 방과 후 수업을 통해 다음 학기에 배울 내용을 가르쳐 주기도 했었다. 하지만 2014년 9월 공교육정상화법이 시행되면서 학교에서는 선행교육을 포함해 선행학습을 유발하는 행위도 할 수 없게 되었다. 정규수업은 물론, 방과 후 프로그램에도 다음 학기 교과 내용을 다룰 수 없는 것이다. 선행학습을 하지 않으니 학생들도 '별로 들을 게 없다'고 여긴다. 선행학습으로 과열되는 사교육을 억제하기 위한 제도였지만, 아이들은 선행학습을 위해 다시 학원으로 몰려가고 있다. 참 이상한 세상이다.

어쨌든 학교가 공부할 만하지 않다면, 다음 후보지는 공공도서관이다.

"공부는 어디서 할 거니?"

"잘 모르겠어요. 집에서는 안 할 게 뻔하고 독서실을 가자니 시험 때도 아닌데 돈 쓰면서 독서실 가는 게 좀 아까운 거 같아요."

"학교 자습실은 이용할 수 없어?"

"개방은 하는데요, 애들이 거의 없어요. 감독하는 선생님도 없고 그냥 빈 교실이에요."

"방학 중에도 방과 후 수업하잖아?"

"별로 들을 게 없어서 전 신청 안 했어요. 방학 내내 하는 것도 아니고요."

"집 근처에 공공 도서관 없니?"

"있긴 해요. 전에 한 번 갔었는데 시험 때라서 그랬는지 자리도 없고 장난 아니게 시끄럽더라고요. 그다음부턴 안 가봤어요."

"시험 기간이라서 그랬을 거야. 보통 공공도서관은 애들보다 어른이 더 많아. 조용하고 공부할 만해."

"그럴까요? 다시 가봐야겠네요."

꼭 도서관이 아니어도 좋다. 요즘은 주민센터나 아파트 관리사무소 건물에도 청소년 공부방을 운영하곤 한다. 꼭 칸막이가 있는 열람석일 필요도 없다. 복지관이나 청소년 수련원, 평생교육관 등 공적인 건물에는 작은 규모라도 도서관이 있는 경우가 흔하다.

찾아보면 돈 들이지 않고 조용히 공부할 수 있는 곳은 얼마든지 있다.

"돈도 돈이지만 공공도서관에 가면 좋은 점이 있어."

"뭔데요?"

"내 자리가 없다는 거."

"그게 뭐가 좋은 점이에요?"

"긴장을 완전히 풀 수 없잖아. 약간의 긴장감이 공부하는 데 얼마나 유익한지 아니?"

도서관에 내 자리가 있으면 편해지고 게을러지며 짐이 많아진다. 내 자리가 있으니 푹 자고 일어나 기분 날 때 가면 그만이고 넉넉한 사물함이 있으니 여러 책을 쌓아둔다. 심지어 엎드려 잘 때 사용할 쿠션을 갖다 놓기도 한다. 목표한 공부량을 채우지 못하면 내일 하면 그만이라는 생각에 책상 정리도 안 하고 그냥 집에 와버린다. 이래서는 공부를 할 수 없다. 공부는 한 번에 하나씩 집중력 있게 끝내야 하며 그날 공부는 그날 완성해야 한다.

"그건 그래요. 돈 내고 다니는 독서실은 너무 조용하니까 오히려 신경이 더 쓰이더라고요."

"공공도서관은 다른 사람들이 공부하는 모습을 볼 수 있잖아. 하루도 쉬지 않고 매일 공부하는 할아버지나 외국어 원서로 공부하는 대학생들 보면 감탄스럽지 않니? 승진 시험을 준비하는 직장인들도 있을 거고 취업 준비를 하는 사람들도 있을 거야. '다들 정말 열심히 공부하는구나', '내가 하는 공부는 아무것도 아니구나'는 생각이 절로 든다니까."

공부하는 사람에 대한 경외감은 '나도 공부하는 사람이다'는 자부심을 이끌어낸다. 도서관에 가는 것만으로도 매우 건강한 학습 동기가 생기는 것이다.

공부하다 머리 식힐 겸 책을 읽을 수 있다는 점도 공공도서관의 장점이다. 무슨 책이 있나 책장을 둘러보기만 해도 기분전환이 되며 호기심이 발동된다.

개인의 취향에 따라 혹은 가까이에 공부할 만한 공공시설이 없는 경우에는 사설 독서실을 이용할 수도 있다. 그럴 때도 공공도서관 이용하듯 하길 권한다. 매일 공부할 만큼만 챙겨가서 그날의 공부를 완성하면 된다. 주말에는 보충공부가 필요 없다면 굳이 독서실에 가지 않아도 된다. 계획적인 독서실 활용이니 돈 아깝다 여길 일이 아니다.

“처음 며칠은 공부할 만한 곳 몇 군데를 정해서 여러 곳을 다녀봐. 다니다 보면 공부하기 좋다고 느껴지는 장소가 있을 거야. 집에서 가까운 곳이면 더욱 좋고.”

“멀면 안 돼요?”

“매일 공부하러 갈 건데 차비 들고 번거롭지 않겠니? 주변에 아무것도 없는 산골 소년이라면 모를까. 너처럼 도시에 사는 애들은 해당사항 없음이야.”

“헤헤, 그럼 자전거 타는 건 어때요?”

“자전거 타면 운동도 되고 차비도 안 들고 버스 타는 것보다 훨씬 낫긴 하지. 그래도 좀 불안해. 걸어갈 만한 거리를 자전거로 빨리 가겠다는 건 괜찮지만, 버스로 갈 거리를 자전거로 가겠다는 건 반대야."

"왜요?"

"한여름에 자전거 타면 땀범벅이 될 텐데 공부할 수 있겠어? 또 여름에는 소나기도 자주 오잖아. 비 오면 자전거 타기 어려우니 도서관 못 가겠다는 핑계가 생길 거고. 처음 몇 번은 자전거 타겠지만, 점점 버스 타는 날이 많아지게 될 거야."

더워서 만사가 귀찮은 여름방학, 추워서 꼼작도 하기 싫은 겨울방학. 인간의 의지는 얼마나 간사한지 스스로 해야 하는 방학 공부는 그래서 더욱 신경이 쓰인다. 공부장소를 정할 때는 그곳에서 공부하는 내 모습을 충분히 상상해보자.

휴관일 고려해 공부할 장소는 미리 두 곳 정하세요

도서관에 갔는데 문을 열지 않아 허무하게 돌아왔던 경험은 한 번쯤 있을 것이다.

공공도서관에서 공부를 할 때는 휴관일을 염두에 두어야 한다. 두 곳 이상 후보지를 정해 주로 가는 곳을 한 곳 정하고, 다른 곳은 휴관일이나 시설공사 등 도서관이 쉬는 날 가면 된다.

공공도서관을 두 곳 정할 수 없다면 평소에는 공공도서관으로 가고 휴관일에는 사설 독서실을 이용하는 것도 한 방법이다. 이렇게 예비 장소를 미리 정해두지 않으면 도서관이 쉰다는 핑계로 그날 공부까지 날려버릴 위험이 크다.

Part 2

방학 공부 시작과 끝

01

방학 9일 전: 내 방에 숨어 있는 10점을 찾아라

컴퓨터는 아무 데서나 부팅하면 조금 전까지 하던 작업을 그대로 하지만, 사람은 그렇지 않다. 얼마나 예민한지 온도, 습도는 물론, 소리, 냄새, 색감까지 모두 느낀다. 무언가 불안하고 어수선하면 안정감을 느낄 때까지 집중하지 못한다. 반대로, 환경이 좋으면 이전보다 훨씬 탁월한 성과를 낸다.

방학 공부는 학교 수업, 시험을 중심으로 돌아가던 학기 중의 공부와 성격이 전혀 다르다. 이전의 것을 마무리하고 새로운 공부를 시작하려면 환경의 변화를 주는 것이 가장 효과적이다. 잘 정돈된 책상이 눈앞에 놓여있다면 절로 공부하고 싶은 마음이 들기 때문이다.

방학 중 공부하는 청소년들에게 가장 큰 영향을 주는 환경은 집. 그중에서도 '내 방'이다. 그 방에서 공부를 하든 안 하든 우리는 내 방에서 가방을 챙기고 잠을 자고 감정을 추스르며 생활을 이룬다.

방이라는 환경이 주인에게 미치는 영향은 막강하다. 당연히 주인의 성적에도 영향을 끼친다. 방학을 맞이하여 새로운 마음으로 새로운 공부를 하고 싶다면 내 방부터 정리하자. 그것만 해도 학습 태도가 달라진다.

방학하려면 일주일도 더 남았지만 동영이는 방학 전에 수학 복습을 마치겠다며 열정적인 모습을 보였다.

"학교 마치자마자 바로 도서관 갈 거예요. 요즘은 오전 수업만 하니까 도서관에서 책도 보고 여유 있게 공부할 수 있을 것 같아요."

"도서관도 좋지만, 오늘처럼 비 오는 날은 집에서 공부해도 좋지 않니? 조용하고 그렇게 덥지도 않잖아."

"어쩜 우리 엄마랑 똑같은 말씀을 하세요? 집에서 공부 잘 안 된다는 거 아시잖아요."

"집에서는 왜 공부가 잘 안 될까?"

"너무 편해서 그렇죠, 뭐. 텔레비전에 컴퓨터에 조금 졸려서 누우면 다음 날 아침까지 자게 돼요. 그리고 제 방은 공부할 방이 아니에요. 초등학교 때 이후로 책상에 제대로 앉아 본 적 없을 걸요?"

"음……. 그럼 곤란한데."

학생에게 공부방은 베이스캠프 같은 곳이다. 편안하고 머물고 싶고 언제라도 빨리 돌아가고 싶은 곳이어야 한다. 특히, 내 책상은 아무 때든 앉으면 당장 집중을 시작할 수 있을 만큼 공부와 익숙해야 한다.

"저랑은 전혀 상관없는 얘긴데요? 제 방은 창고 같은 곳이에요. 언제라도 들러서 아무거나 던져 놓고 아무 때나 드러눕는 곳이요."

"이번 방학부터는 바꿔봐. 지금 공부방만 잘 정돈해도 10점은 너끈히 올릴 수 있을 거야."

"10점이나요?!"

방학이 시작되고 집에서 보내는 시간이 많아질수록 내 방의 의미는 커진다. 내 방은 어떤 상태인가.

다음 질문을 보고 나에게 해당하는 것에 체크해보자.

"1번부터 막히네요. 책상을 보면 전혀 앉고 싶은 마음이 안 들어요. 학교 다녀오면 책가방이랑 교복을 책상에 던져 놓거든요. 또, 방이 좀 어둡다는 생각은 했었는데 집에서 뭐 해야 할 때는 식탁에서 하니까 별 신경 안 썼어요. 컴퓨터도 책상 위에 있고요. 그러고 보니 컴퓨터 할 때 아니면 책상에 앉질 않았던 거 같아요. 책은 그냥 책가방에서 꺼내서 그냥 책상에 쌓아 놓는 편이에요. 책꽂이에는 잘 안 보는 책들만 있어요. 목표를 적은 쪽지는 3월에 붙였었는데 아마 지금은 없어졌을 걸요?"

"이러니까 집에서는 공부가 안되지. 너만 그런 건 아니야. 지금부터 달라지면 되지 않겠어? 이제 내방 구석구석에 숨어 있는 10점을 찾아보자.”

　

“책상 위는 그 사람의 머릿속 상태를 보여준다고 생각하면 돼. 항상 무슨 공부를 해야 하는지 잘 정리가 되어 있는 사람은 그 과목의 책만 준비되어 있으면 되니까 너저분할 이유가 없지. 헌재 책상에서 제일 먼저 정리해야 할 건 컴퓨터 같은데?”
“컴퓨터를요? 제일 자주 쓰는 건데요?”

　

공부가 잘되는 책상 제1 원칙은 깔끔함이다. 책상 위는 당장 이사라도 갈 것처럼 아무것도 없이 말끔해야 한다. 깨끗한 책상은 당장 뭐라도 펼쳐 공부하고 싶은 마음을 불러일으키기 때문이다.

　

다음은 조명. 책상이 주변보다 밝아야 집중도 잘 되고 눈도 편안하다. 책상은 방의 모서리나 벽에 붙여 배치될 때가 많은데, 천장 가운데 달려 있는 형광등의 불빛이 책상 위까지 충분하게 전달되지 못한다. 작은 방이라 하더라도 공부하는 학생이나 책장, 옷장 등의 가구 때문에 그림자가 생겨 어둡다. 그래서 작은 글씨들을 편안하게 보기 위해서는 스탠드를 따로 두는 것이 좋다.

"공부할 때 어두우면 스탠드를 쓰지 그러니?"

"책상이 좁기도 하고 저는 집에서 공부 잘 안 하니까 동생 줬어요. 이제 컴퓨터 치우면 다시 갖다 놓아야지요."

"그 핑계로 새 스탠드 사 달라고 하지 말아라."

"에이, 선생님 김 좀 빼지 마세요. 뭐라도 하나 새로운 게 있어야 할 맛이 나지요."

"동생도 필요할 테니까 새 건 동생한테 양보해. 그게 형 노릇이지. 만날 형 쓰던 것만 쓰는 동생 불쌍하지도 않니?"

"그건 그래요."

책상이 깨끗하고 밝아지기만 해도 기분이 새롭고 공부가 잘된다. 다음으로 점검해야 할 것은 책장. 교과서, 참고서 등 자주 보는 책들은 앉은 자리에서 손을 뻗으면 닿는 곳에 두어야 하며 소설이나 만화 등 쉴 때 보는 책들은 공부 중 시야에 들어오지 않는 곳에 두는 것이 좋다. 특히, 액자나 연필꽂이 등 잡동사니들이 책들을 가로막고 있으면 책을 꺼낼 때마다 번거로우므로 책상 정리를 하자.

"책장은 빽빽한 것보다 여유가 좀 있는 게 좋아. 그래야 넣고 빼기도 쉽고 정리하기도 편하거든. 동영이도 책꽂이에 자리가 없어서 책상에 책을 쌓아 놓았던 거 아니야?"

"맞아요."

"다들 그래. 잘 보지도 않는 책들을 책장에 꼭꼭 채워둘 필요
뭐 있니? 책장 다이어트 좀 해. 1년 이상 보지 않았던 책들은 앞으
로도 볼 일이 없을 거야. 버릴 건 버리고, 동생 줄 것은 주고, 중고
로 팔 수 있는 책은 팔아서 용돈도 벌고 말이야. 분명 지금 책장에
있는 책 중에서 절반 이상은 필요 없는 책일 거야."

공부방을 정리하다 보면 처음에는 청소라고 여기다 점점 마음
을 정돈하는 일이라는 생각이 든다. 필요 없는 것들을 내다 버리
고 오래 묵은 먼지들을 치우면서 '그동안 내가 너무 성의 없게 공
부를 했구나. 매일 해야 할 공부는 미루고 급할 때만 벼락 치듯 공
부를 해왔구나.' 라는 생각이 든다. 매일 그날의 공부를 열심히 하
는 사람은 책상에 먼지가 쌓일 겨를이 없다. 책장에 어떤 책이 어
디에 꽂혀 있는지 눈에 선하며 언제라도 내 안식처 같은 공부방에
서 필요한 공부를 시작할 수 있다.

"집에 오면 내 방에 들어가고 싶고 책상을 보면 앉고 싶은 마음
이 들어야 해. 다른 곳에서 공부하다가도 내 방, 내 책상이 떠올라
야 지속적이고 안정감 있는 공부를 할 수가 있어. 아무리 학교 자
습실이 좋고 독서실이 좋다고 해도 일시적일 뿐이지 수년 동안 이

어가야 할 공부를 매번, 매일 집 밖에서 해결할 수는 없잖아."

"하긴. 떠돌이 공부도 한계가 있긴 해요. 남들 신경 안 쓰고 하루 종일 내 마음껏 공부할 수 있는 곳은 집밖에 없고요.

"그간 내 방을 창고 취급해왔다면 내 일상이 밖으로 나돌았다는 의미야. 당연히 공부도 띄엄띄엄 했겠지. 내 방을 정돈하고, 책상을 정돈하는 일은 내 일상을 다시 매일의 공부로 채우겠다는 다짐과 같아."

"이러다 다시 책상이 지저분해지면 어떻게 하죠?"

"다시 치워야지. 가장 좋은 건 매일 잠들기 전 책상 정리를 하는 거야."

책상이 지저분해진다는 것은 책상이 나에게 경고를 한다고 생각하면 된다. 지금 책상처럼 나의 머릿속이 산만해지고, 일상이 뒤엉키고 있다는 신호이기 때문이다. 그때마다 다시 책상을 정리하고 공부를 다잡아야 한다.

잠들기 전 책상 정리는 다음날 학교에 가져갈 가방 챙기는 것부터 시작된다. 필요한 책들을 넣다 보면 공부했던 내용이 떠오르기도 한다. 익숙한 책 표지를 보며 뇌가 반응하기 때문이다.

책가방에 필요한 책을 넣고 나면 책상 위에 남아 있는 책들을 치운다. 자주 보는 책들이므로 손에 잘 닿는 책장에 꽂는다.

“자주 보는 책들은 책상에 두는 게 편하지 않을까요?”

“책상을 치운다는 건 시간과 행동을 구분한다는 의미야. 매일 같은 책으로 공부한다 해도 날이 바뀌면 새 책상에서 새 공부를 하는 마음이어야 한다는 거지. 자주 보는 책이라고 그냥 책상 위에 놓으면 또 금방 그 위에 체육복이며 물통 같은 게 쌓이지 않겠어?”

다음 날 아침에 일어나서도 깨끗한 책상을 보면 뿌듯하다. 지난밤 책상 정리까지 완전히 하고 잠든 자신이 대견스럽기도 하고 오늘 하루도 열심히 해야겠다는 마음도 든다.

공부를 하지 않은 날에도 가방은 챙겨야 하며 책상 정리는 하고 자야 한다. 그런 날은 책상 위에 책은 없고 체육복 같은 것들만 뒹굴어 다닐 게 뻔하다. 책상을 치우면서 ‘오늘은 뭐 하느라 공부를 못했지? 내일은 더 열심히 해야지.’ 마음을 다잡으며 하루를 마무리하면 된다.

어머니들은 하루에 두세 번씩 밥을 먹을 때마다 밥을 차리고 식탁을 치운다. 그걸 생각하면 매일한다고 해도 자기 전 한 번 책상을 정리하는 건 그렇게 자주 하는 것도 아니다. 자기 전 책상 정리를 꼭 실천해 보자. 습관이 몸에 익으면 귀찮다는 생각이 전혀 들지 않는다. 일 이 분 남짓이지만 분명 큰 역할을 하게 될 것이다.

"좋은 건 따라 해야지. 동영이도 오늘부터 해 봐."

"넵! 명심하겠습니다!"

월	화	수	목	금	토	일
7/4	5	6	7	8	9	10
	기말고사					
11 수복: 등식의 변형 책상정리	12 수복: 연립방정식의 활용 책상정리	13 수복: 일차부등식의 활용 책상정리	14 수복:연립부등식의 활용 책상정리	15 수복: 일차함수의 활용 책상정리	16 국: 출세기 책상정리	17 책상정리
18 국: 수난이대 책상정리	19 국: 배설물은 생명체의 수레바퀴 책상정리	20 방학식 영독: 1, 2 수예: 1, 2 책상정리	21 영독: 3. 4 수예: 3, 4 책상정리	22 수련회	23	24 책상정리
25 수영 영독: 5, 6 수예: 5, 6 책상정리	26 영독: 7, 8 수예: 7, 8 책상정리	27 수영 영독: 9, 10 수예: 9, 10 책상정리	28 영독: 11, 12 수예: 11, 12 책상정리	29 수영 영독: 13, 14 수예: 13, 14 책상정리	30 영독: 단어복습 수예: 15, 16 책상정리	31 책상정리
8/1 수영 영독: 15, 16 수예: 17, 18 책상정리	2 영독:17, 18 수예: 19, 20 책상정리	3 수영 영독: 19, 20 수예: 21, 22 책상정리	4 영독: 21, 22 수예: 23, 24 책상정리	5 수영 영독: 23, 24 수예: 25, 26 책상정리	6 영독: 단어복습 수예: 27, 28 책상정리	7 책상정리
8 수영 영독: 25, 26 수예: 29, 30 책상정리	9 영독: 27, 28 수예: 31, 32 책상정리	10 수영 영독: 29, 30 수예: 33, 34 책상정리	11 영독: 31, 32 수예: 35, 36 책상정리	12 수영 영독: 33, 34 수예: 37, 38 책상정리	13 영독: 단어복습 수예: 39, 40 책상정리	14 책상정리
15 수영 영독: 35, 36 수예: 41, 42 책상정리	16 영독: 37, 38 수예: 43, 44 책상정리	17 수영 영독: 39, 40 수예: 45, 46 책상정리	18 개학식 수예: 47, 48 책상정리	19 책상정리	20 영독: 단어복습 책상정리	21 책상정리

[매일 책상 정리가 추가된 방학 공부 표: 책상 정리는 그날 생활을 돌아보고 다음 날 공부를 준비한다는 기능을 한다는 점에서 공부 계획이 없는 일요일이나 수련회 다녀온 날에도 하는 것이 좋다. 동영이는 다른 공부 항목과 마찬가지로 매일 책상 정리를 했는지를 표시하기로 했다.]

02

방학 7일 전:
무너지는 계획표

'작심삼일'이라는 말은 참 절묘하고도 정확하다.

무엇이든 시작한 날은 들뜬 기분으로 지나가지만, 하룻밤만 자도 김이 빠져 둘째 날이 되면 첫날보다 살짝 시들해진다. 그래도 전날의 다짐과 기대를 생각하며 어쨌든 실천을 한다. 하지만 하루는 왜 이렇게 긴 것인지. 점심을 보내고 오후가 되면 나른하고 피곤하여 만사가 귀찮아지고 만다. 그러다 셋째 날이 되면 설레던 기분은 모두 사라지고 의지로만 모든 걸 해내야 한다. 생각보다 시간도 많이 걸리고 재밌지도 않은 노력들 때문에 내가 무슨 짓을 저질렀나 싶기도 하다.

마음먹고 방학 공부를 시작한 지 3일째. 동영이가 무얼 하고 있을지 궁금하던 찰나에 동영이에게서 메시지가 왔다. SOS 메시지였다.

'수학 문제집이 계속 밀려요. 어떡하죠?'

밀리는 공부는 빨리 대책을 세워야 한다. 그냥 두면 당장 공부할 맛이 뚝 떨어지기 때문이다. 그날 저녁에 동영이를 만났다.

"첫날은 할 만했거든요. 별로 어려운 문제도 없더라고요. 그날 분량 딱 끝내고 집에 갔는데 어제는 연립방정식을 활용한 긴 문제가 나오니까 정신없는 거예요."
"그래서?"
"대충 별표치고 넘어갔어요. 마지막 페이지는 거의 다 별표에요."
"오늘은 어떻게 했어? 오늘 해야 할 공부도 있잖아."
"어제 별표 친 거 다시 한 번 풀어보려고 했는데요, 몇 문제 보다가 짜증 나서 그냥 오늘 걸로 넘어갔어요. 그런데, 오늘은 부등식의 활용이잖아요. 어제만큼 별표가 많아요."

그럴 만도 하다. 지금 동영이가 하고 있는 수학 공부는 1학기 때 배웠던 내용 중 특별히 보충이 필요하다고 느낄 만큼 자신이 없는 부분들이기 때문이다. 어제는 '방정식의 활용'이었고 오늘은 '부등식의 활용'이었으니 부호만 다를 뿐 같은 맥락의 문제들이 꼬리를 물었을 것이다. 뭐든 '활용'이 붙으면 서술형 문제들도 많고 복잡한 응용문제도 많지 않은가.

"그 별표 문제들을 대충 넘어가면 방학 동안 수학 복습을 하는 의미가 없잖아. 그렇지?"

"……."

"시간이 걸리더라도 천천히 생각하면서 풀자. 이번 주에 다 못하면 다음 주까지 하지 뭐. 그래도 못하면 방학 중에 계속 공부하면 돼."

학기 중에는 시험 기간에 공부가 묶이게 된다. 시험 때까지 이해가 안 된 건 어쩔 수 없는 별표로 넘어간다. 그러다 시험이 끝나면 공부도 끝난다. 방학은 그동안 제한적이고 불완전했던 공부를 완성하는 기간이다. 그러니 방학 공부를 할 때는 '오늘 여기까지 끝내야 하는데'에 신경을 곤두세우지 말자.

"편하게 생각하면 풀 수 있는 문제도 많을 거야. 오늘 다 끝내야 한다고 생각하면 괜히 조급해서 이것도 별표 저것도 별표 해버리잖아."

"그럼 못한 부분은 어떻게 해요? 공부가 계속 밀리잖아요."

"못한 부분은 두고 그날 하기로 한 공부를 먼저 하는 게 좋겠어."

계획대로라면 금요일까지 수학 복습을 끝내고 토요일부터는 국어 교과서 읽기가 시작되지만, 모름지기 계획이란 몇 번이고 수정을 거쳐야 완성되는 법이다.

"못한 부분은 국어 교과서 읽는 동안에 하지, 뭐. 계속 책만 읽는 것도 지겹고, 계속 문제만 푸는 것도 지겨울 텐데 오히려 잘된 일이야."

"그렇게 말씀해 주시니 기분이 좀 나아졌어요. 아깐 정말 멘붕이었거든요."

"계획이 생각대로 되지 않는 건 당연해. 계획을 짤 때는 충분히 실현 가능하다고 생각하지만 직접 팔다리를 움직여서 계획을 실행하는 건 전혀 다른 차원의 일이거든."

비장한 각오로 표까지 그려가며 방학 계획을 세웠는데 이틀 만에 후들거렸으니 얼마나 허무했을까. 아이들은 그 배신감에 자존심이 상한다. 하지만 중요한 건 계획이 무너진 다음이다.

"주먹 세계엔 고수들이 참 많지? 어떤 사람이 싸움을 잘하는 줄 아니?"

"독한 사람 아닐까요?"

"아니야. 많이 맞아 본 사람이래."

"많이 안 맞아야 싸움을 잘하는 거 아니에요?"

"많이 맞다 보면 많이 안 맞는 방법을 터득한다는 거지."

계획도 마찬가지다. 계획대로 공부를 잘하는 사람은 계획을 많이 망쳐 본 사람이다. 시행착오를 겪다 보면 계획을 잘 세우는 방법을 알게 된다.

"맷집이라는 게 있잖아. 맷집이 생기면 웬만큼 맞아서는 아픈지도 몰라. 몸이 단단해지는 것뿐만 아니라 정신도 단단해지는 거야. 처음엔 한 대만 맞아도 자존심이 상하고 충격을 받지만 하도 맞아서 맷집이 생기면 무덤덤해져. 오늘 동영이가 후들거렸던 건 무너진 계획에 대한 맷집이 전혀 없는 상태였기 때문이야."

"맞아요. 그런 거 같아요. 계획을 계속 세우고 실패하고 또 세우고 하다 보면 저도 맷집이 생길까요?"

"당연하지!"

공부는 시간이 필요한 일이다. 서서히 이루어지는 성장이니 서두를 것 없다. '다시 해 보지, 뭐'하는 여유와 배짱만 있으면 된다.

"계획대로 안 됐다는 건 작은 좌절을 경험한 거야. 계획을 수정하고 다시 실행에 옮기는 것은 그 좌절을 극복하는 과정인 거지. 이렇게 하는 동안 계획을 잘 세우는 노하우도 생기겠지만, 무엇보다 중요한 건 정신도 단단해진다는 거야. 웬만해서는 계획대로 잘 되지 않는다고 해서 멘붕이 오지도 않지. 기분 망쳤다고 그날 공부를 날려버리는 일도 줄어들어. 그렇게 공부를 점점 잘하게 되는 거야."
"와, 멋있어요."

공부 잘하는 사람은 독한 사람이 아니다. 시행착오를 많이 해 본 사람이다. 시행착오가 많다는 것은 그만큼 공부를 많이 해 보았다는 의미다. 시행착오를 겪으려면 공부를 하되 그냥 해선 안 되고 더 잘 해보려고 이런저런 시도를 많이 해봐야 한다. 공부의 내공은 이렇게 겪어나가는 과정에서 생기는 맷집이 아닐까.
공부가 생각대로 되지 않는다고 좌절하지 말자. 계획이 무산됐다고 인상 쓰지 말자. 바로 그때 공부의 힘이 자란다. 파이팅.

별표 문제는 계속 씨름을 하는 것보다 일단 넘어갔다가 다시 생각해보는 것이 좋다. 다른 문제를 먼저 풀고 다시 풀거나 다음 날 펼쳐보면 '이걸 왜 못했지?' 하며 풀리는 경우가 종종 있다. 수학을 책상에서만 풀려고 하지 말자. 휴대폰으로 문제를 찍어 수시로 들여다보면서 생각하자. 어느 순간, 문제가 확 풀어질 것이다.

○ 수학 실력을 높이기 위해서는 해설에 의지하지 않고 스스로 풀어내는 훈련이 필요하다. 모르는 문제는 풀릴 때까지 물고 늘어지자. 포기하지 않는 태도가 가장 중요하다.

○ 수학 공부를 위해 꼭 책상 앞에 앉을 필요는 없다. 등하굣길에 버스를 기다리거나 큰일을 볼 때, 라면을 끓이는 짧은 시간에도 수학문제를 떠올려보자. 생각을 거듭하다 보면 문제는 자연스럽게 외워지므로 나중에는 핸드폰을 보지 않아도 언제든지 자유롭게 수학 공부를 할 수 있다.

○ 계속 고민 하다보면, 어느 순간 아르키메데스의 '유레카'처럼 '아하!' 하면서 문제가 풀린다. 이때는 빨리 그 문제를 풀어보고 싶어 버스 정류장에 앉아 휴대폰 메모장에 수학 공식을 써보기도 한다.

○ 휴대폰 카메라로 잘 풀리지 않는 수학 문제를 찍어두면, 책상 앞에서 낭비되는 시간도 없고 스트레스도 줄어든다.

어떤 문제는 금방 풀리지만, 며칠 또는 몇 주가 걸리는 문제도 있다. 그래도 포기하지 말자. 스스로 풀어냈다는 성취감은 엄청난 에너지가 되어 내 공부를 일으킨다. 꼭 실천해보자.

03

방학 4일 전:
국어 교과서 읽기

매일 못 푼 문제들이 있었지만 그래도 동영이는 침착하게 그날의 공부를 이어가려고 애썼다. 사람 마음이란 게 참 묘해서 '다 못해도 괜찮아' 하고 엉켜있던 마음을 내려놓으면 괜히 더 하고 싶어진다. 동영이도 어떻게 해서든 그 주 안에 수학 복습을 끝내고 싶었다.

"주말 동안 다 할 수 있겠어?"

"네. 주말에 바짝 하면 되지 않을까요?"

"아이고 김동영 씨. 아직도 널 모르시는군요. 지금까지 주말에 뭘 했던 적이 있었어? 말만 그렇지 정작 아침에 일어나지도 못할 걸? 지금까지 매일 수학 공부한 것만으로도 대단한 거야. 토요일은 조금 더 공부할 수 있겠지만, 일요일엔 쉬도록 해."

매일 무언가 한다는 것은 만만한 일이 아니다. 한 모금이면 마셔버리는 50ml 야쿠르트도 매일 하나씩 배달이 오면 그것도 못 먹어서 냉장고에 쌓인다. 몇 장 안 되는 수학 문제집 오후 내내 시간 많으니 다 풀 수 있을 것 같지만, 공부는 시간만 가지고 하는 게 아니다.

"그래도 주말에 끝내 버려야 시원할 거 같은데."
"괜히 욕심부릴 필요 없어. 전에 말했던 대로 국어 교과서 읽으면서 여유 있게 풀자."

월	화	수	목	금	토	일
7/4	7/4	6	7	8	9	10
	기말고사					
11 [-9] 수복: 등식의 변형 책상정리	12 [-8] 수복: 연립방정식의 활용 책상정리	13 [-7] 수복: 일차부등식의 활용 책상정리	14 [-6] 수복:연립부등식의 활용 책상정리	15 [-5] 수복: 일차함수의 활용 책상정리	16 [-4] 국: 출세기 수복: 보충 책상정리	17 [-3] 책상정리
18 [-2] 국: 수난이대 수복: 보충 책상정리	19 [-1] 국: 수레바퀴 수복: 보충 책상정리	20 방학식[1] 영독: 1, 2 수예: 1, 2 책상정리	21 [2] 영독: 3, 4 수예: 3, 4 책상정리	22 [3]	23 [4] 수련회	24 [5] 책상정리

[국어 작품 읽기만 계획했던 공부 표에 수학 보충공부를 넣었다.]

　그래도 공부의 순서는 국어 작품 읽기가 먼저다. 그날 공부의 주인은 국어 작품 읽기고 수학 보충은 끼어 든 온 공부이기 때문이다. 밀린 공부를 하느라 그날 해야 할 공부를 미뤄서는 안 된다.

"그냥 읽기만 해도 좋지만, 방학이니까 특별한 걸 하나 해 보자."

"특별한 거요?"

"퍼즐처럼 문단 맞추기를 하는 거야. 우선 작품 전체를 한 번 읽어봐. 평소에 독서를 잘 하지 않으니 이것도 쉽지 않을 거야. 그 다음에 교과서 본문을 복사해서 문단별로 잘라."

"그 문단을 내용 순서대로 맞추는 거군요."

"맞아!"

"오~ 재밌겠는데요?"

　문단 맞추기를 하다 보면 문단을 순서대로 연결해야 하니 작품 전체의 흐름을 계속 떠올리게 된다. 또, 부분을 읽고 전체와의 관계를 생각하는 과정이 반복되니 이렇게 하면 작품 전체의 줄거리며 사건의 흐름이 자연스럽게 기억된다.

[교과서를 복사해 문단별로 잘라 놓은 모습. 이렇게 섞어 놓고 문단을 순서대로 맞춰보자.]

"읽고 나서 바로 맞춰보라고 하면 어렵지 않을 거야. 하지만 시차가 있으면 조금 더 헷갈리겠지. 처음에 교과서를 읽고 난 후에 시차를 넉넉하게 두는 것이 좋아. 복사하고 자르는 동안 자연스럽게 간격이 생기긴 하지만 그사이에 밥을 먹거나 다른 과목 공부를 하나 하는 것도 좋지. 뇌가 아주 다른 곳에 갔다가 다시 돌아오게 될 테니까."

"전 밀린 수학 공부를 하면 되겠네요."

"빙고! 도서관에 도착하자마자 국어 교과서를 읽고 수학 공부를 한 다음에 문단 맞추기를 해 봐."

공부를 하다 보면 절묘하게 들어맞는 순간들이 있다. 수학 공부가 밀려서 보충공부를 연장한다고 생각했는데 그다음 공부와 연결해보니 못다 한 수학 공부가 더없이 적절한 것이다. 분량이 많지 않고 책 읽느라 문장에 익숙해졌던 머리를 논리적인 수학으로 돌리니 머리를 식히기에도 제격이다. 이런 게 해 본 사람만 느끼는 공부의 재미다.

"그런데 도서관에서는 복사하려면 돈 내야 돼요. 복사카드 같은 걸 만들어야 되던데."
"그럼 번거롭겠구나! 미리 복사를 해둬야겠다. 도서관에 가위만 챙겨오면 되잖아. 집에서 잘라 와도 되고."

집에 복사가 되는 프린터가 있으면 어렵지 않지만 그렇지 않은 경우는 몇 장 복사하는 것도 일이다. 출판사 홈페이지나 교과서 CD가 있다면 해당 페이지를 출력하면 된다. 가장 좋은 방법은 문구점에 가서 방학 동안 읽을 분량을 한꺼번에 복사하는 것이다.

학생들에게 이 작업을 함께 하자고 하면, 대부분 복사한 프린트물에 가위만 챙겨온다. 집에서는 가위질도 귀찮단다. 도서관이든 공부방이든 밖에서 하면 뭐든지 재밌게 여겨진다. 사소한 가위질도 공부하던 중에는 즐거운 휴식 거리가 된다.

"작품을 읽다 보면 중요한 기능을 하는 문장이 무엇인지, 결말의 단서가 되는 단어는 무엇인지 눈에 보이기도 할 거야, 나름의 표시를 해두면 나중에 수업 듣는 재미가 커지지."

책장 넘기며 읽을 때는 당연한 순서 같지만 내가 직접 나열해보면 만만치 않다. 자리에 앉아 문단 맞추기를 하던 동영이는 헷갈린다며 문단마다 번호를 적었다. 그것도 부족했는지 잠시 후에는 문단 조각을 들고 지하 매점으로 내려갔다. 넓은 테이블 위에 펼쳐놓고 한눈에 보기 위해서다.

그림 퍼즐이 그렇듯 문단 조각 하나의 위치를 찾기 위해서는 앞뒤의 내용을 되짚어보는 사고가 필요하다. 문단 맞추기를 완성한 동영이의 머릿속에서는 작품 전체와 부분 유기적으로 연결되어 있을 것이다. 이렇게 무언가 몰두하면 사람들이 조금 쳐다보는 것쯤은 문제되지 않는다.

"처음에는 내용만 가지고 맞추려고 했는데요, 문단 여백에 잘려진 그림을 보니까 훨씬 생각이 잘 나더라고요. 하하."

어떻게든 요령은 생기는 법. 직접 해보자. 손발을 움직여 하는 공부는 더 의미 있게 각인되기 마련이다.

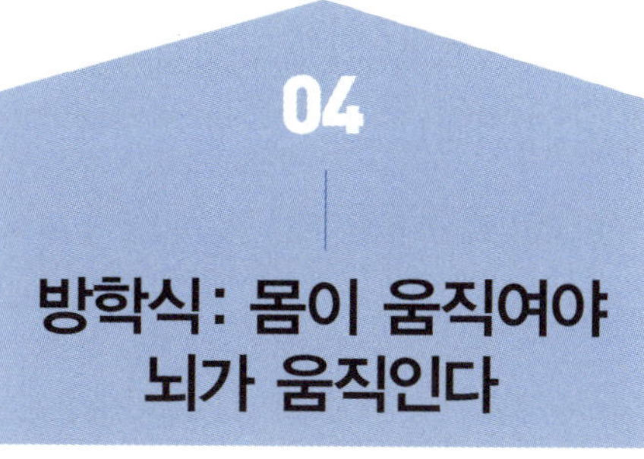

집중력, 기억력, 암기력 등 학습에 필요한 모든 인지능력을 향상하는데 가장 효과적인 방법은 '운동'이다. 그런데도 공부에 여념이 없는 학생들은 좀처럼 움직이지 않는다.

몸이 정체되면 혈액도 산소도 생각도 기운도 정체된다. 방학이 시작되면 억지로라도 몸을 일으키자. 다음 학기에 조금 더 성적을 올리고 싶다면 방학 동안 열심히 몸을 움직여야 한다.

방학식과 함께 기말고사 성적표를 받아든 동영이가 터덜터덜 상담실로 들어선다.

"어째 기운이 하나도 없네? 이제 방학인데 홀가분하지 않아?"

"그렇긴 한데요. 성적표를 보니까 제 공부에 무슨 문제가 있는 게 아닐까 싶은 생각이 들어요."

"왜? 이번엔 열심히 했잖아."

"그래서 더 힘 빠져요. 안 하고 놀았으면 기대도 안 할 텐데."

"좀 오른 거 같다고 하지 않았어?"

"진짜 쪼끔 오른 거예요. 공부해서 이만큼이면 제자리걸음인 거나 마찬가지죠 뭐. 방학 공부를 좀 늘려야 하지 않을까요? 이대로 방학을 한다고 해도 그냥 똑같은 공부를 하다 끝날 것 같아요."

누구나 공부가 정체된다는 느낌을 받을 때가 있다. 매일 똑같은 공부에 비슷하게 유지되는 성적. 그냥 이렇게 공부를 하면 되는지 맨송맨송해진다.

"공부한답시고 너무 도서관에만 있었던 모양이구나. 공부 방법을 바꾸는 것보다 운동을 하는 게 낫겠어."

"운동이요? 갑자기 무슨 운동을 해요? 운동이야 하면 좋겠죠. 하지만 공부를 더 해도 부족할 거 같은데요?"

"운동과 인지능력의 연관성을 보여주는 연구가 엄청 많아. 학

생들을 하루에 30분씩 일주일에 두세 번 달리게 했더니 12주가 지
난 뒤 학생들의 인지능력이 달리기를 하기 전에 비해 눈에 띄게 높
아졌대.”

“정말요?”

“더 흥미로운 건 이 학생들이 운동을 그만둔 후야. 운동을 해서
인지능력이 향상되었던 학생들이 운동을 그만두면 어떻게 될 거
같니?”

“글쎄요. 인지능력이 다시 안 좋아졌나요? 인지능력은 없어지
는 게 아니니까 똑같을 거 같기도 하고요.”

“운동을 그만두자 인지능력도 운동을 하기 전 수준으로 돌아갔어.”

“진짜로요?”

“진짜야. 공부를 잘하려면 일부러라도 운동을 해야 한다는 거지.”

공부하기도 바쁜 청소년들에게 특별히 운동을 강조하는 이유
는, 공부한답시고 신체활동을 줄일 우려가 있기 때문이다. 하지만
간과해서는 안 될 것이 하나 있다. 우리 뇌는 몸을 움직였을 때 훨
씬 활발하게 작동한다는 사실이다.

한 학자는 명랑한 집단과 우울한 집단에게 자연과학 학습도서
를 읽게 했다. 그리고 조금 후 그대로 옮기는 것과 그 내용과 관련

된 문제를 푸는 두 가지 과제를 주었다. 그 결과, 그대로 옮기는 것에는 두 집단 모두 차이가 없었지만 문제를 푸는 데는 명랑한 집단의 능력이 월등히 우수한 것으로 나타났다.

명랑한 감정은 학습과 기억능력을 향상시킨다. 그리고 운동은 분명히 기분에 영향을 끼친다. 그 영향은 너무나 명백해서 정신과 의사들이 치료과정에 운동을 처방할 정도이다. 또, 두뇌 활성화에 대한 연구에서는 운동을 하는 아이들과 청년들이 특정 과제에 필요한 인지적 수단을 더 효율적으로 할당하여 활용하며, 더 끈기 있게 과제에 매달린다는 사실이 밝혀졌다.

"어때? 이쯤 되면 운동은 하면 좋은 걸로 넘어갈 일이 아니야. 머리 쓰는 사람이라면 반드시 해야 할 의무라고. 공부할 시간도 없는데 운동은 무슨 운동이냐 이렇게 넘어가서는 안 돼."

"대단한데요? 운동을 계속하면 공부를 점점 잘하게 될까요?"

"안 하는 것보다 훨씬 낫지. 장기기억, 추론, 주의력, 문제 해결능력, 유동적 지능 이런 사고력이 모두 어디서 나오는 거니?"

"머리요."

"맞아. 머리야. 공부가 잘되려면 두뇌가 팔팔하게 살아있어야 해. 뇌에 힘이 없으면 아무것도 할 수가 없다고."

"쪽지시험 앞두고 쉬는 시간에 미친 듯이 뭐 외워본 적 있니?"

"많죠."

"그렇게 외워서 시험 보고 나면 어때?"

"멍해져요."

"그래. 머리만 멍해지는 게 아니라 몸도 늘어지고 눈도 퀭해지잖아. 뇌를 풀가동 하는 동안 대단한 에너지를 소모했다는 증거야."

두뇌의 무게는 몸무게의 2%밖에 되지 않지만, 에너지 사용량은 몸 전체가 사용하는 양의 20% 정도를 차지한다. 자기 무게의 10배에 해당하는 에너지가 필요하다.

두뇌가 최대한으로 작동할 때 사용하는 조직 무게당 에너지양은 우리가 힘껏 운동할 때 허벅지 앞쪽 근육이 쓰는 에너지보다 많다. 사실 우리 뇌는 한 번에 전체 뉴런의 2% 이상을 동시에 활용하지 못한다. 그 이상을 쓰면 몸속에서 공급되는 포도당을 너무나 빨리 소진해 버려서 실신하고 만다. 에너지를 많이 쓰면 그만큼 폐기물을 많이 만들어낸다. 즉, 두뇌에는 산소를 머금은 혈액이 많이 필요하다는 뜻이다. 산소와 영양분을 가득 실은 혈액이 에너지를 공급하고 재빨리 노폐물을 거두어들여야 한다. 운동으로 혈액순환을 촉진해야 하는 이유다.

“운동이 뇌와 관련이 있을 줄은 몰랐어요. 운동은 몸으로만 한다고 생각했거든요.”

“자동차에 강력한 엔진이 필요하다면 공부하는 사람에게는 강력한 두뇌가 필요하지. 운동은 두뇌를 더욱 민첩하고 강력하게 만들어주는 거야. 이래도 운동할 시간에 공부하겠다고 할래?”

“이제부터 운동할게요. 그런데, 운동은 얼마나 해야 돼요?”

“인지능력 향상에 도움이 되는 운동량은 일주일에 두세 번 30분 정도라고 해. 걷기나 뛰기, 자전거 타기, 수영, 줄넘기 같은 유산소운동이 좋고. 이번 방학 계획에는 운동을 꼭 넣도록 해. 방학 특강 들으러 다니는 것보다 스포츠센터 등록하는 게 훨씬 현명한 거라고.”

동영이는 수영을 하기로 했다. 초등학교 때 배운 적이 있어 익숙하고, 더운 여름에 하기 좋아서다. 운동 시간은 각자의 공부스타일에 따라 선택하면 되는데, 졸음이 쏟아지는 점심식사 후도 좋고 하루 공부를 마친 후 홀가분한 저녁 시간도 좋다.

“전 아침에 할래요. 아니면 그 시간에 일어나지 못할 거예요. 일어난다고 해도 몽롱할 텐데 무슨 공부를 하겠어요.”

공부 중에도 지루하다 싶으면 자리에서 일어나 몸을 움직이자. 제자리 뛰기나 앉았다 일어서기, 팔굽혀 펴기 등 책상 옆에서 할 수 있는 간단한 운동으로도 뇌를 활성화시킬 수 있다. 명심하자. 생각이 움직이려면 뇌가 움직여야 하고 뇌가 움직이려면 몸이 움직여야 한다.

18 [-2]	19 [-1]	20 방학식 [1]	21 [2]	22 [3]	23 [4]	24 [5]
국: 수난이대 수복: 보충 책상정리	국: 수레바퀴 수복: 보충 책상정리	영독: 1, 2 수예: 1, 2 책상정리	영독: 3. 4 수예: 3, 4 책상정리	수련회	수련회	책상정리
25 [6] 수영 영독: 5, 6 수예: 5, 6 책상정리	26 [7] 영독: 7, 8 수예: 7, 8 책상정리	27 [8] 수영 영독: 9, 10 수예: 9, 10 책상정리	28 [9] 영독: 11, 12 수예: 11, 12 책상정리	29 [10] 수영 영독: 13, 14 수예: 13, 14 책상정리	30 [11] 영독: 단어복습 수예: 15, 16 책상정리	31 [12] 책상정리
8/1 [13] 수영 영독: 15, 16 수예: 17, 18 책상정리	2 [14] 영독:17, 18 수예: 19, 20 책상정리	3 [15] 수영 영독: 19, 20 수예: 21, 22 책상정리	4 [16] 영독: 21, 22 수예: 23, 24 책상정리	5 [17] 수영 영독: 23, 24 수예: 25, 26 책상정리	6 [18] 영독: 단어복습 수예: 27, 28 책상정리	7 [19] 책상정리
8 [20] 수영 영독: 25, 26 수예: 29, 30 책상정리	9 [21] 영독: 27, 28 수예: 31, 32 책상정리	10 [22] 수영 영독: 29, 30 수예: 33, 34 책상정리	11 [23] 영독: 31, 32 수예: 35, 36 책상정리	12 [24] 수영 영독: 33, 34 수예: 37, 38 책상정리	13 [25] 영독: 단어복습 수예: 39, 40 책상정리	14 [26] 책상정리
15 [27] 수영 영독: 35, 36 수예: 41, 42 책상정리	16 [28] 영독: 37, 38 수예: 43, 44 책상정리	17 [29] 수영 영독: 39, 40 수예: 45, 46 책상정리	18 [30] 개학식 수예: 47, 48 책상정리	19 책상정리	20 영독: 단어복습 책상정리	21 책상정리

[월·수·금 주 3회 수영이 추가된 동영이의 방학 공부 표. 정식으로는 8월부터 시작이지만, 규칙적인 운동을 위해 7월에는 자유 수영을 하기로 했다.]

걷기는 다리를 튼튼하게 만드는 것은 물론 뇌의 발달도 촉진한다. 인간의 신체 중 가장 큰 근육은 허벅지 근육인데, 이 근육의 신경은 뇌간과 연결되어 있다. 그래서 걸으면 근육에서 나온 신호가 뇌로 전달되고, 이 신호가 뇌를 자극해 움직임을 활발하게 만든다. 또한, 걷는 동안 심장은 평상시보다 10배 더 혈액을 흘려보내기 때문에 뇌에 산소와 영양소를 충분히 공급하게 된다.

○ 걷는 시간이 20~30분 정도가 적당하다. 전철역에서 집에 오는 길, 등하굣길 등 마을버스 한두 정거장은 걸어 다니자. 걸어가면 지름길로 갈 수 있으므로 버스를 타는 것과 시간이 비슷한 경우도 많다.

○ 가능하면 공원, 오솔길 등 풀과 나무가 있는 길로 걷자.

○ 걷는 동안은 이어폰 음악보다는 햇살, 내 발걸음 소리, 매일 달라지는 길가의 풀들, 빗소리를 느끼자.

○ 걷는 동안은 두뇌가 활성화되어 생각이 열린다. 고민거리나 암기할 것들을 메모해서 걷는 동안 살펴보자.

05

방학 2일 차:
놀 준비

방학 때는 캠프나 가족여행 등 특별한 행사가 많다. 이삼일 안에 해결되는 것이 보통이지만, 가기 전에는 준비한다며 들뜨고, 다녀와서는 피곤하다며 늘어져 앞뒤로 며칠씩을 그냥 보낸다. 이러니 당연히 공부도 맥이 끊어질 수밖에.

집을 떠나 먹고 자는 경험을 한다는 건 즐거운 일이다. 일상 밖에서 얻은 에너지는 일상을 더욱 창의적이게 만들기 때문이다. 그래서 무엇이든 그런 기회는 놓치지 말고 꼭 참여하기를 권한다. 하지만 지금 내 일상, 내 공부를 망가뜨려서는 안 된다.

　방학 전부터 꾸준하게 공부를 이어오던 동영이는 수련회를 앞두고 들떠 있었다.

"학교에서 가는 수련회 별로 재미도 없다면서 그러니?"

"다른 때는 그냥 별생각 없이 갔는데. 이번에는 좀 달라요. 계속 공부를 하다가 쉬는 날이 생기는 거잖아요."

"그런 마음이 생긴 걸 보니 공부를 열심히 하긴 했나 보구나."

"당연하죠. 시험도 아닌데 이렇게 공부를 계속한 적은 처음이에요."

　스스로를 대견히 여기는 마음이 공부에 대한 자신감을 만든다. 매번 비슷한 수련회겠지만, 빈둥빈둥 계속 놀다가 수련회를 가면 수련회를 가서도 시시하고 지루하다. 마음에 시시함과 지루함이 꽉 차 있기 때문이다. 텔레비전을 봐도 밥을 먹어도 뭘 해도 시시하고 재미가 없다.

　하지만 무언가 열심히 하다가 수련회를 가면 다르다. 우선, 어딜 간다는 것 자체가 신선하다. 신나게 놀고 맛있게 먹으며 누구와도 즐겁게 어울린다. 마음속에 긍정적인 기운이 가득하기 때문이다.

"신나게 수련회 다녀와서 공부하기 싫어지면 어떻게 하니?"

"그게 걱정이긴 해요. 저번에도 같은 조였던 애들이랑 방학 내내 카톡했거든요."

이런 후유증 없이 놀기 위해서는 놀 준비가 필요하다. 가기 전에는 밀린 것 없이 말끔하게 공부를 해두어야 다녀와서는 흔들림 없이 공부로 돌아올 수 있다.

며칠 놀고 나서 다시 공부하기 힘든 이유는, 그 전에 내가 어떻게 공부했는지를 모두 까먹기 때문이다. 어디까지 공부했는지는 물론, 어떤 감정과 태도로 공부를 했었는지도 잊어버린다. 그럴 때 기억을 가장 빨리 회복할 수 있는 방법은, 공부하던 책을 펼쳐 보는 것이다. 책장을 넘기다 보면 '그래 이 문제는 이렇게 풀었었지', '이거 빨리하고 자려고 억지로 했었는데' 하는 생각들이 되살아난다.

"오늘 책상 정리할 때는 싹 치우지 말고 수련회 다녀와서 공부할 부분을 펼쳐놔. 집에 오자마자 '이게 뭐지?' 하면서 들여다보게 될테니까."

"오호, 좋은 방법이네요."

그렇게 생각이 공부로 옮겨왔다면 손발이 움직일 차례다. 꾸물 거릴수록 공부하기는 더욱 싫어지는 법. 일단 펜을 들고 공부를 시작해야 한다.

"어차피 월요일부터 도서관 갈 거잖아요."

"도서관은 가도 사흘 만에 책상 앞에 앉으면 멍하지 않겠니? 속도도 느릴 거고." "그렇긴 하겠죠."

"일요일 저녁에 조금만 공부를 해도 월요일 공부가 훨씬 부드러울 거야."

"일요일이요? 수련회에서 돌아오는 날인데요?"

학생들은 수련회나 체험학습, 축제 등 뭔가 특별한 일정이 있으면 그날은 당연히 공부 안 하는 줄 안다. 하지만 공부는 밥과 같다.

"수련회 다녀온 날에는 밥 안 먹니? 화장실 안 가? 공부는 밥 먹는 것처럼 하는 거야. 평소에 하던 만큼 똑같이 하기는 어려워도 20~30분 정도는 할 수 있어!"

"무슨 공부를 해요?"

"특별히 무슨 공부를 하지 않아도 좋아. 월요일에 공부할 책들 펼쳐서 몇 장 훑어보기만 해도 훌륭한 준비가 되지. 그런데 너에게는 딱 좋은 공부가 있다."

"뭔데요?"

"단어복습."

방학을 시작하면서 수련회 일정이 잡혀 있어 사실 동영이의 방학 공부는 수련회 이후부터라고 해도 과언이 아니다. 영어독해만 본다면 수련회 이후부터는 월요일부터 금요일까지 매일 두 지문씩 공부를 하고 토요일에는 새로운 독해를 하는 대신, 평일에 공부한 지문에 나왔던 단어들을 복습한다. 하지만 수련회 전에는 맛보기처럼 하루에 두 지문씩 이틀 하는 게 전부다. 단어복습도 없다.

"어제와 오늘 공부한 지문에서 모르는 단어 없었니?"

"당연히 있었죠."

"그럼 그 단어들도 복습해야 하지 않을까?"

"하, 그걸 일요일에 하라는 말씀이군요."

"Of course!"

"선생님은 어떻게 그런 걸 잘 생각해 내세요? 저절로 공부할 게 막 떠올라요?"

그냥 막 떠오를 리가 있겠는가.

공부계획을 성공하려면 곧 공부하게 될 자신의 상황을 세밀하게 상상할 수 있어야 한다. '수련회 다녀오면 몇 시쯤 될까. 어떤 공부를 하면 부담스럽지 않을까. 꼭 필요한 공부는 없을까.' 공부를 조금 더 열심히 하려고 궁리를 하다 보면 묘안이 떠오르게 마련이다. 물론 아무 생각이 안 날 때도 많다. 이런 생각은 하면 할수록 는다.

동영이는 잊었겠지만, 영어독해 공부계획을 세우면서 이틀 분량의 단어공부를 하지 못한다는 생각을 했었다. 당시에는 '어쩔 수 없지 뭐' 하면서 넘겼었는데 수련회 이야기를 하다 보니 문득 수련회 다녀온 날 할 수 있겠다는 생각이 들었다.

수련회 전에 영어독해 한 날이 이틀밖에 되지 않고 다른 주와 달리 수련회로 인해 토요일에 단어복습을 할 수 없다는 점 등 단어복습을 생략할 이유는 얼마든지 만들 수 있다. 하지만 공부는 양심껏 하는 거다. 어떻게든 기회를 만들고 하려고만 하면 얼마든지 할 수 있다.

"이틀 공부한 거니까 양이 많지는 않을 거야. 완벽하게 단어를 외우려고 하지 마. 놀러 갔다 온 날 책을 편다는 게 얼마나 대단하니. '그래 이런 단어가 있었지' 하면서 편하게 봐. 그렇게 시동을 걸어 놓는 게 중요해."

월	화	수	목	금	토	일
7/4	7/4	6	7	8	9	10
	기말고사					
11 [−9] 수복: 등식의 변형 책상정리	12 [−8] 수복: 연립방정식의 활용 책상정리	13 [−7] 수복: 일차부등식의 활용 책상정리	14 [−6] 수복:연립부등식의 활용 책상정리	15 [−5] 수복: 일차함수의 활용 책상정리	16 [−4] 국: 출세기 책상정리	17 [−3] 책상정리
18 [−2] 국: 수난이대 책상정리	19 [−1] 국: 수레바퀴 책상정리	20 방학식[1] 영독: 1, 2 수예: 1, 2 책상정리	21 [2] 영독: 3. 4 수예: 3. 4 책상정리	22 [3] 수련회	23 [4]	24 [5] 책상정리 영독: 단어복습

[수련회 마지막 날 단어복습을 추가했다. 연이어 공부를 쉰 후에는 휴식을 마무리하며 간단한 공부계획을 넣자. 책을 펼쳐 보는 것만으로도 다음날부터 시작되는 공부가 훨씬 부드럽다.]

동영이는 일요일 저녁에 보게 될 단어에 형광펜을 치기 시작했다. 그 모습을 보니 동영이가 '놀 준비'를 마쳤다는 생각이 들었다. 수련회를 다녀와서 피곤하고 귀찮은 오후 책상에는 영어책이 펼쳐져 있고, 대충 보니 형광펜으로 친절히 표시 되어 있다면 크게 힘들이지 않고 책상 앞에 앉을 수 있을 것이다. 다음에 공부할 나를 배려하는 것. 그것이 공부 계획이다.

방학 6일 차:
매일 공부 흐름

물 한 대접을 운동장에 쏟아부으면, 물은 아무렇게나 흩어지지 않는다. 먼저 땅에 닿은 물이 줄기를 만들고 나머지는 그 줄기를 따라 낮은 곳으로 흘러간다. 처음 물길을 만들 때만 더뎠을 뿐 다음에 그 길을 따라가는 물은 빠르고 편하다.

공부도 마찬가지다.

매일 같은 공부를 하다 보면 그 공부를 가장 효과적으로 할 수 있는 흐름이 생기기 마련이다. 이 흐름을 파악하면 공부 순서가 몸에 익어서 시계나 계획표를 일부러 보지 않아도 능숙하게 하루 공부를 마칠 수 있다.

물을 붓기 전, 운동장 바닥에 고랑을 만들어 두면 어떨까. 물은 스스로 물길을 만드는 수고 없이 패인 고랑을 따라 쉽게 흘러갈 것이다. 공부를 할 때도 그렇다. 물길과도 같은 공부 흐름은 하다 보면 자연스럽게 생겼지만, 물고랑처럼 일부러 만들 수도 있다. 그러면 공부하는 사람은 수고를 덜고 수월하게 공부 흐름을 탈 수 있다.

시간은 얼마나 빨리 지나가는지 방학 시작 후 꼼지락거리다 수련회에 다녀왔을 뿐인데 동영이의 방학은 벌써 6일이나 지나가 있었다.

"수련회는 잘 다녀왔니?"

"네."

"오늘 하루 어땠어? 수영도 처음 가는 날이었잖아."

"수영 아니었으면 아무것도 못 할 뻔했어요. 아침에 더워서 깨긴 했는데 일어나기가 싫잖아요. 그런데 수영 생각이 딱 나는 거예요. 더운데 잘됐다 싶어서 얼른 다녀왔어요."

"공부는?"

"휴……. 하긴 했는데요, 너무 오래 걸렸어요."

"한숨이 나올 정도야?"

"그러니까요. 얼마 되지도 않는 거 같은데."

"수련회 가기 전에는 별말 없었잖아."

"그때도 여유 있게 한 건 아니었어요. 그래도 이틀만 하면 수련회 가니까 그냥 한 거죠."

이렇게 되면 매일 공부를 지속하기가 힘들다. '이 공부를 매일 하라고?' 하는 부담이 계속 따라다니기 때문이다. 하다 보면 요령이 생기고 속도가 붙기 마련이지만 그 '하다 보면' 까지 가기도 어려운 일이다. 무언가 대책이 필요하다. 공부 분량을 줄일 수 없다면 공부가 쉽게 흘러갈 수 있도록 공부 고랑을 단단히 만들어 둘 일이다.

"아침부터 어떻게 공부했는지 말해 볼래? 도서관에는 몇 시쯤 왔어?"

"수영이 아홉 시에 끝났으니까 집에서 아침 먹고 열 시 좀 넘어서 왔을 거예요."

"우선순위가 수학 먼저니까 수학 공부부터 했겠네?"

"네. 개념 하나 끝내고 또 하려니까 지겨워서 못 하겠더라고요. 그래서 그냥 점심 먹으러 갔어요."

"점심 먹고는 더 졸렸을 거 같은데?"

"그러니까요. 좀 하다가 엎드려서 잤어요. 일어나서 몇 문제 끄

적이다가 음료수 마시고 또 풀고 해서 겨우 했다니까요."

"영어독해는?"

"아, 진짜 하기 싫었어요. 오늘 선생님 만나는 날 아니었으면 그냥 집에 갔을 거예요. 그냥 억지로 앉아서 했어요."

어른들은 하루 종일 에어컨 빵빵한 도서관에 앉아 조용히 공부만 할 수 있으니 얼마나 좋으냐고 말한다. 아이들도 얼마든지 공부를 할 수 있을 거 같아 욕심껏 계획을 세운다. 하지만 그 도서관에 앉아 직접 공부를 해보시라. 몇 장 되지도 않는 걸 풀면서 계속 얼마나 남았는지를 넘겨보게 된다.

"오전 공부가 부실했구나. 그러니까 오후에 공부를 몰아 하느라고 진이 빠지지. 아침부터 운동을 한 게 피곤했던 걸까? 수학을 연이어 해야 한다는 게 지겨웠을 수도 있고."

"수영은 괜찮았어요. 오랜만에 운동하니까 개운하고 좋았거든요. 수학에서 완전 짜증 났던 것 같아요."

"그럼 오전에는 영어독해 먼저 하나 하자. 영어는 수학보다 금방 끝나잖아. 도서관 오자마자 수학부터 시작하면 매일 오늘처럼 수학 하나 끝내고 밥 먹으러 가지 않겠어? 영어 먼저 하고 수학을 하면 오전 시간을 알뜰하게 쓸 수 있을 거야. 수학 공부하면서도

'이거 끝나면 밥 먹으러 간다.'고 기대할 수 있으니까 할 만할 거고."

"괜찮을 것 같아요. 해 볼게요."

"점심 먹고 나서는 우선순위대로 수학 먼저 하자. 마지막으로 영어 독해를 하고. 그럼 오늘보다 공부 끝나는 시간이 빨라지겠지?"

"아, 제발 그랬으면 좋겠어요."

매일 공부 계획을 생각할 때는 지나치게 시간에 묶이지 않아도 된다. 수영, 식사와 같이 장소와 행동이 변하는 굵직한 기준들만 염두에 두고 그 사이사이에 공부를 배치하면 된다. 기억하기에도 좋고 실천에 부담도 없다.

'2시부터 수학 공부'라고 하면 계속 시계를 보게 되고 어쩌다 2시를 지나게 되면 계획대로 안 된 것 같아 괜히 싫은 마음이 들지 않는가. '점심 먹고 수학 공부'라고 하면 점심 먹고 잠깐 독서를 해도 좋고 음료수 하나 뽑아 먹을 여유도 생긴다. 그래 봤자 30분 전후의 차이일 뿐이다.

"집에 가면 저녁 시간은 어떻게 보내니?"

"뭐 별 것도 없어요. 텔레비전 보고 밥 먹어요."

"휴대폰만 만지다 자겠지, 뭐."

"헤헤."

"방학 숙제는?"

"별로 없어요. 체험학습 보고서랑 독서 기록 이런 것밖에 없어요."

"그럼 방학 동안만이라도 책 좀 읽자. 애들이 책을 안 읽어서 점점 바보가 되는 거 같아."

"뭐 읽어요?"

"아무거나. 너 좋아하는 추리소설도 좋고. 지금 이런 거 저런 거 따질 때니? 어쨌든 글로 된 걸 읽는다는 게 중요해."

"네. 옛날에는 판타지 소설 밤새워 읽고 그랬었거든요."

"좋아. 그럼 하루 공부 흐름을 정리해 볼까?"

8시	수영
수영 후 집에 와서	아침식사
아침식사 후 도서관	영어독해 1 수학 1
집에 와서	점심식사
점심식사 후 도서관	수학 2 영어독해 2
공부 마치고 집에 와서	저녁식사
저녁식사 후 잠들기 전	방학 숙제 독서(매일 한 줄이라도)

[방학 공부 표를 만들었던 것처럼 매일 공부 표를 그려놓으면 하루 공부 흐름이 한눈에 들어온다. 동영이의 공부 흐름을 보며 자기만의 공부 흐름을 생각해보자.]

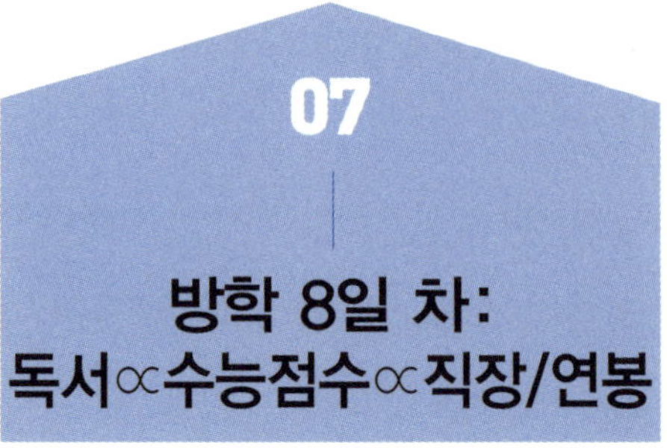

책 이야기가 나왔으니 몇 마디 더 해 보자.

독서를 여유 있을 때 고상하게 즐기는 여가활동쯤으로 생각한다면 큰 오산이다. 독서는 정신적인 호흡과도 같은 것이다. 공부하기도 바쁜데 책 읽을 시간이 어디 있느냐고?

중·고등학교 시절 책을 많이 읽은 학생들은 수능 점수가 높을 뿐 아니라 몇 년 후 괜찮은 직장에 들어가는 비율도 높고 연봉도 더 많이 받는다. 분명 독서는 보이지 않는 재산이다. 방학은 독서를 하기에 얼마나 소중한 시간인지. 이번 방학 동안 매일 한 줄이라도 읽는 독서습관을 만들어 보자.

매일 공부 표를 만들고 이틀 후 동영이를 다시 만났다. 이틀 동안의 공부는 어땠을지 궁금했다.

"오늘 공부는 어땠어?"

"저번보다 훨씬 괜찮았어요."

"어제도?"

"네. 뭔가 공부 순서가 정해져 있다는 게 편하기도 하고요. 영어랑 수학을 번갈아가면서 하니까 지겹지도 않은 거 같아요."

"다행이다."

같은 공부라도 어떻게 실천하느냐에 따라 더는 못할 거 같기도 하고 할 만하게 느껴지기도 한다. 지금 하는 공부가 버겁다면 홧김에 포기하지 말고 방법을 바꿔보자.

2~3일 간격으로 공부상태를 체크하며 '뭐 수정할 거 없나'를 살펴야 한다. 3일마다 한 번 작심삼일을 하는 셈이다. 깨어 있는 정신으로 작심삼일을 하고 있으니 공부는 지속되고 성과는 쌓인다. 작심삼일 열 번이면 한 달이다. 방학 공부는 그렇게 이어가면 된다.

"어제는 수영이 없었잖아. 아침에 일어나는 건 어땠어?"

"아무래도 수영 갈 때보다는 늦게 일어났지요. 그래도 열 시 전에 도서관 왔어요."

"어차피 지금은 자유 수영인데 매일 하지 그러니?"

"어떻게 우리 엄마랑 똑같은 말씀을 하세요? 어른들은 그런 말을 어디서 배워 와요? 매일 할까 생각도 했는데요. 좀 지겨울 거 같아요. 다른 운동이면 몰라도. 근데 혼자 할 수 있는 운동이 별로 없잖아요. 방학인데 늦잠도 자고 싶고요."

"그래. 좋을 대로 해. 다른 친구들에 비하면 지금 수영하는 것도 대단히 훌륭한 거지. 저녁에 책은 읽었고?"

"아뇨. 뭐 읽을까 뒤적거리다 말았어요."

이럴 줄 알았다. 급할 것도 없고 시험에도 안 나오는 독서는 늘 뒤로 밀린다.

"독서가 얼마나 위력적인지 얘길 안 해 줬었구나. 동영이는 독서를 왜 해야 한다고 생각해?"

"사고력을 위해서? 또 뭐 아는 게 많아지고 지혜가 생기고. 뭐, 그런 거 아닐까요?"

"성적이 오르진 않을까?"

"글쎄요? 교과서 내용 나오는 책만 읽으면 그럴 수도 있겠죠, 뭐.

하긴 책 좋아하는 애들 보면 놀아도 국어 시험은 잘 보더라고요.”

“보통 그렇게들 생각하지. 하지만 독서의 힘은 생각보다 구체적이야. 당장 중간, 기말 성적이 오르는 건 아니겠지만, 독서 습관이 쌓이면 수능 점수에는 분명히 영향을 줘. 대학 가면 끝날 거 같지? 또 몇 년 후에는 좋은 직장 구하는 데도 영향을 주고 월급도 달라진다고.”

사고력이 좋아지고 지혜가 생긴다는 건 경쟁력이 향상된다는 걸 의미한다. 꾸준한 독서습관이 개인의 가치를 높이는 것이다. 결국, 수능점수나 연봉처럼 눈에 보이는 성과들로 드러나게 돼 있다.

“재밌는 건 문학책을 많이 읽은 학생들이 수학성적도 좋대.”

“수학이요? 국어가 아니고요?”

“물론 국어 점수도 높지. 하지만 복잡하게 얽힌 사고력이 어떻게 국어 문제 풀 때만 가동되겠니. 수학만큼 생각이 많이 필요한 과목도 없잖아.”

중학교 3학년 학생 2천 명을 대상으로 중학 재학 시절 독서량을 조사한 결과 3분의 1은 ‘11권 이상 문학책을 읽었다’고 했고, 10분의 1은 ‘한 권도 안 읽었다’고 했다. 3년 뒤 두 그룹의 수능 점수

차는 명확해졌다. 문학책을 많이 읽은 학생이 문학책을 한 권도 읽지 않은 학생보다 국어 22점, 영어 20점, 수학 18~19점이 높았다.

"수학도 거의 20점이 높네요. 우와. 수학이 20점이면……."
"국어뿐 아니라 수학, 영어 성적까지 독서량과 비례한 거야. 수능 점수 차이는 시작에 불과해. 나중에 좋은 직장에 들어가는 비율도 달라."

이번에는 고3 학생들에게 교양서적과 문학 서적을 고1~고3 사이 각각 몇 권씩 읽었는지 조사했다. 그리고 10년 후 이들이 취업했을 때 어떤 직장을 얻었고 임금 수준은 어느 정도인지 확인했다.

"흥미롭지 않니?"
"차이가 많이 났나요?"
"교양서적을 '11권 이상 읽었다'고 답한 학생은 대기업이나 공기업, 외국계 기업의 정규직처럼 누구나 들어가고 싶어 하는 직장에 취업한 비율이 44%였다고 해. '0권'이라고 답했던 학생들은 24%였고."
"책 안 읽은 사람들도 생각보다 많이 갔는데요?"
"토익 점수 따고 자격증 공부하느라 책 읽을 시간이 없었겠지 뭐."

"하하!"

"아직은 취업이나 직장 이야기가 와 닿지 않겠구나."

"사실 그래요. 지금 고등학교도 어떻게 갈지 모르잖아요. 수능도 남 일 같아요."

"하긴 그럴 거야. 대학생

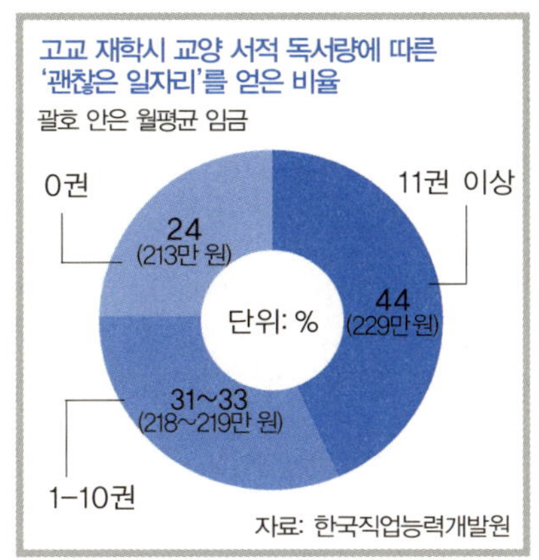

들에게 공기업이나 대기업, 외국계 기업에 들어가는 일은 고등학생들이 서울대, 연대, 고대에 들어가는 것과 같아. 누구나 바라는 직장이고 그만큼 들어가기 힘들어."

"그럴 거 같아요."

"돈 얘길 하면 이해가 더 빠르겠지? 사람들이 선호하는 직장은 월급이 괜찮은 편이니까 같은 맥락이기도 해."

고교 때 교양서적을 11권 이상 읽었던 학생이 취업 상태에서 받는 월평균 임금은 229만 원이었고 '0권'이었던 학생은 213만 원 정도로 조사됐다. 책을 많이 읽은 결과가 매달 16만 원, 연봉으로 따지면 192만 원 차이가 났다.

"통장에 찍히는 돈으로만 따지면 200만 원 남짓이겠지만 좋은 직장들은 정해진 급여 말고도 성과급이나 복지정책이 잘 돼 있어서 실제로 직원들이 누리는 혜택은 훨씬 큰 거야.”

“그래서 선생님이 한 줄이라도 읽으라고 하시는 거군요.”

“이제 알아듣는구나. 할 수 있겠니?”

“네. 한 페이지에 한 줄만 있는 책도 있잖아요.”

“좋아. 뭐든 읽어.”

무협지, 판타지도 좋고 추리소설도 좋다. 책 읽기에 흥미를 붙이고 푹 빠져들 수 있어야 지속할 수 있기 때문이다.

다음 이야기가 궁금하면 누가 시키지 않아도 책을 손에 들고 다니며 보게 된다. 밥을 먹으면서도 책을 읽고 화장실에서도 책을 읽는다. 빽빽한 글자들을 읽는 게 지루하다면 그림이 글보다 더 많은 시집이나 수필집도 괜찮다.

“난 요즘도 종종 꼬맹이들이 보는 동화책을 읽어. 그림도 예쁘고 글은 얼마나 큰데. 읽기가 진짜 편해. 그 단순한 책을 읽으면서도 느끼는 점이 많아. 그동안 독서에 소홀했더라도 방학 동안 신나게 읽어봐. 책 읽는 게 몸에 익으면 개학 후에도 독서를 이어갈 수 있을 거야. 하다 보면 별로 힘들지도 않아.”

숨 쉴 시간을 따로 내서 숨 쉬는 사람은 아무도 없다. 독서는 시간을 따로 내서 하는 게 아니다. 늘 해야 하는 거고, 손에는 원래 책이 들려 있어야 한다.

이날부터 동영이의 공부 표에는 매일 독서가 추가됐다.

[매일 독서가 추가된 방학 공부 표]

25 [6] 수영 영독: 5, 6 수예: 5, 6 책상정리	26 [7] 영독: 7, 8 수예: 7, 8 책상정리	27 [8] 수영 영독: 9, 10 수예: 9, 10 독서·책상정리	28 [9] 영독: 11, 12 수예: 11, 12 독서·책상정리	29 [10] 수영 영독: 13, 14 수예: 13, 14 독서·책상정리	30 [11] 영독 단어복습 수예: 15, 16 독서·책상정리	31 [12] 독서·책상정리
8/1 [13] 수영 영독: 15, 16 수예: 17, 18 독서·책상정리	2 [14] 영독:17, 18 수예: 19, 20 독서·책상정리	3 [15] 수영 영독: 19, 20 수예: 21, 22 독서·책상정리	4 [16] 영독: 21, 22 수예: 23, 24 독서·책상정리	5 [17] 수영 영독: 23, 24 수예: 25, 26 독서·책상정리	6 [18] 영독 단어복습 수예: 27, 28 독서·책상정리	7 [19] 독서·책상정리
8 [20] 수영 영독: 25, 26 수예: 29, 30 독서·책상정리	9 [21] 영독: 27, 28 수예: 31, 32 독서·책상정리	10 [22] 수영 영독: 29, 30 수예: 33, 34 독서·책상정리	11 [23] 영독: 31, 32 수예: 35, 36 독서·책상정리	12 [24] 수영 영독: 33, 34 수예: 37, 38 독서·책상정리	13 [25] 영독 단어복습 수예: 39, 40 독서·책상정리	14 [26] 독서·책상정리
15 [27] 수영 영독: 35, 36 수예: 41, 42 독서·책상정리	16 [28] 영독: 37, 38 수예: 43, 44 독서·책상정리	17 [29] 수영 영독: 39, 40 수예: 45, 46 독서·책상정리	18 [30] 개학식 수예: 47, 48 독서·책상정리	19 독서·책상정리	20 영독 단어복습 독서·책상정리	21 독서·책상정리

새로운 습관을 만들거나 기존의 습관을 바꾸기 위해서는 뇌에 새로운 회로가 생겨야 한다.

보통 새로운 회로를 만들려면 평균 21일 정도가 소요된다고 한다. 습관이 만들어지면 다음부턴 수월하다. 오히려 안 하면 이상하고 허전한 게 습관 아니던가. 21일은 방학 동안 해볼 만한 숫자다. 매일 의식적으로 독서를 실천해보자.

21일이면 딱 3주다. 첫 1주가 가장 힘들지만, 특히 3일째가 고비다. 너무 힘들어서 포기하고 싶고 대충하고 싶을 수도 있지만, 크게 신경 쓰지 말고 계속하자.

1주를 잘 넘기면 부모님께 보너스 용돈이나 가족외식 등 즐거운 보상을 요청해도 좋다.

2주가 지나면 살짝 지루함이 느껴질 만큼 익숙해진다. 긴장이 흐트러지지 않도록 주의하며 집중의 질을 높이는 데 힘쓰자.

3주를 다 채우면 나는 이제 이전과는 다른 수준으로 업그레이드된 것이다. 3주 동안 익숙해진 행동이 자동화 단계로 넘어가려면 2~3개월의 시간이 더 필요하다고 하니 개학 후에도 지속적인 노력이 필요하다.

	1	2	3	4	5	6	7	8	9	10	11	12	13	14	15	16	17	18	19	20	21
실천 날짜																					
체크																					
실천 Tip	3일째가 가장 힘들어요.			첫 주를 성공하면 나에게 즐거운 선물을 주세요.				무사히 2주를 넘겼다면 반은 성공! 집중의 질을 높이도록 노력하세요.							이제 뇌에 '매일 독서'라는 습관 회로가 만들어졌습니다. 자동화된 행동이 가능하게 하려면 앞으로 2~3개월이 더 필요해요.						

[21일 독서습관 만들기 표]

08

방학 11일 차:
주간 계획 점검

방학 시작 후 일주일을 보낸 동영이는 어딘가 기운이 없어 보였다.

"일주일이 왜 이렇게 길어요? 한 삼 주는 지난 거 같아요."

"그럴 법도 하지. 매일 부지런히 살았잖아. 일주일이 삼 주처럼 느껴진 걸 보니 평소보다 세 배는 성실했나 보다."

"역시 박명수 아저씨 말이 맞아요."

"어떤 말?"

"일찍 일어나는 새가 피곤하다잖아요."

"하하! 오늘은 영어독해가 없어서 공부가 빨리 끝났겠다?"

"네. 오전에 단어복습 하고 오후에는 수학만 했어요. 그거 하나 안 하는데도 완전 편해요."

"토요일에는 공부가 빨리 끝나는 대신 할 게 하나 있어."

"뭔데요?"

"주간 계획 점검해야지."

주말에는 한 주 동안의 공부를 점검하고 다음 주를 예상해보는 시간을 가져야 한다. 주간 계획을 점검하는 이 '골든 타임'은 토요일 모든 공부를 마친 후 오후나 저녁 시간이 적당하다. 30분 정도 조용히 자기만의 시간을 가져보자.

"오늘은 방학 후 처음 제대로 맞이하는 토요일이잖아. 지난주는 수련회 가느라 어영부영 지나갔고. 어때, 이번 주에 했던 것처럼 계속 이어가도 좋겠니?"

"뭐, 괜찮아요."

"이번 주에는 밀린 공부가 하나도 없네? 수학 복습할 때는 못한 부분이 있었잖아."

"그때는 내용도 어려운 데다 복잡한 문제가 많았거든요. 지금은 개념이해랑 간단한 문제들이니까 훨씬 낫죠."

"그래도 대단한 거야."

아무리 쉬운 것이라도 매일 밀리지 않고 한다는 건 만만치 않은 일이다. 오늘 하루쯤 모른 척 넘겨버리고 싶거나 그냥 자고 싶은 날도 있고 그동안 못 봤던 드라마를 연이어 줄줄이 보고 싶은 날도 있다.

일주일간 공부를 빠짐없이 했다면, 이건 성실하다는 말과 같고, 대단한 일이다.

하지만 그게 다는 아니다. 공부는 내 성실함만으로 되는 것도 아니기 때문이다. 약간의 운과 다른 사람들의 배려와 도움도 필요하다.

엄마 아빠가 싸우거나 형제 중 누군가 말썽을 부려 집안 분위기가 쑥대밭이라면 어떨까. 불안하고 산만해서 공부에 집중할 수가 없을 것이다. 몸이 아프기도 하고 갑자기 어딜 가야 할 일이 생기기도 하지 않는가. 일주일간 계획대로 공부를 무사히 마쳤다면, 나를 둘러싼 모든 환경은 내가 공부할 수 있게 도와줬다고 생각해야 한다.

"얼마나 감사한 일이니?"

"생각해보니 정말 그렇네요."

"방학 시작할 때 사회랑 과학 공부 얘기도 하지 않았어? 일단 빼놓고 나중에 추가할지 생각해보자고 했었잖아."

"네. 그때는 아무 생각 없이 공부 욕심만 많았던 것 같아요. 공부 하나 추가하는 데 이렇게 복잡하고 신경 쓸 게 많을 줄 알았다면 그렇게 막 뱉지는 않았을 거예요."

'방학 동안 사회, 과학도 한 번 봐야 하지 않을까?' 하며 미뤄두었던 생각을 동영이 스스로 정리했다는 데 의미가 있다. 이렇게 의식적으로 점검시간을 갖지 않으면 사회, 과학 공부에 대한 생각은 어느새 불안함이 되어 '사회, 과학도 하려고 했는데 못 했어.'라는 식으로 흘러간다. 점검시간을 통해 점차 내 공부에 대한 판단력을 갖춰가는 것이다.

"이 점검 시간이 의미 있으려면 아주 중요한 전제조건이 필요해."
"뭔데요?"
"주 중의 공부가 내 의지로 실천하는 공부를 해야 한다는 거야. 일주일 내내 학원 숙제만 한다면 어떻겠니?"
"점검할 게 없겠죠."
"실천하기 나름일 걸. 점검의 범위가 매우 한정적이라는 점은 어쩔 수 없어. 내 마음대로 분량을 조절하거나 완료 시점을 옮기거나 할 수는 없으니까. 그래도 숙제를 내 공부로 여긴다면 얼마든지 자신의 공부상태를 점검할 수 있어. 집중의 상태를 체크한다든지, 공부시간이나 장소를 바꾼다든지 하면서 숙제를 통해 내 공부를 하려고 노력할 수 있으니까."

공부는 능동적으로 해야 는다. 계획부터 실천까지 모두 내 힘으로 하고 있다면 그만큼 점검할 것도 많고 재미도 있다. 하지만 상당수의 중학생은 그렇지 못하다. 학원 숙제로 매일 공부량을 채우고 있다면, 숙제를 내 공부로 여기자. 숙제를 주는 사람은 선생님이지만, 그 숙제를 체크하는 사람은 나여야 한다. 그렇게 능동적인 실천의 여지가 있어야 주말 점검이 가능하다.

월	화	수	목	금	토	일
25 [6] 수영 영독: 5, 6 수예: 5, 6 책상정리	26 [7] 영독: 7, 8 수예: 7, 8 책상정리	27 [8] 수영 영독: 9, 10 수예: 9, 10 독서·책상정리	28 [9] 영독: 11, 12 수예: 11, 12 독서·책상정리	29 [10] 수영 영독: 13, 14 수예: 13, 14 독서·책상정리	30[11]골든 타임 영독: 단어복습 수예: 15, 16 독서·책상정리	31 [12] 독서·책상정리
8/1 [13] 수영 영독: 15, 16 수예: 17, 18 독서·책상정리	2 [14] 영독:17, 18 수예: 19, 20 독서·책상정리	3 [15] 수영 영독: 19, 20 수예: 21, 22 독서·책상정리	4 [16] 영독: 21, 22 수예: 23, 24 독서·책상정리	5 [17] 수영 영독: 23, 24 수예: 25, 26 독서·책상정리	6[18]골든 타임 영독: 단어복습 수예: 27, 28 독서·책상정리	7 [19] 독서·책상정리
8 [20] 수영 영독: 25, 26 수예: 29, 30 독서·책상정리	9 [21] 영독: 27, 28 수예: 31, 32 독서·책상정리	10 [22] 수영 영독: 29, 30 수예: 33, 34 독서·책상정리	11 [23] 영독: 31, 32 수예: 35, 36 독서·책상정리	12 [24] 수영 영독: 33, 34 수예: 37, 38 독서·책상정리	13[25]골든 타임 영독: 단어복습 수예: 39, 40 독서·책상정리	14 [26] 독서·책상정리
15 [27] 수영 영독: 35, 36 수예: 41, 42 독서·책상정리	16 [28] 영독: 37, 38 수예: 43, 44 독서·책상정리	17 [29] 수영 영독: 39, 40 수예: 45, 46 독서·책상정리	18 [30]개학식 수예: 47, 48 독서·책상정리	19 독서·책상정리	20 골든 타임 영독:단어복습 독서·책상정리	21 독서·책상정리

[골든 타임을 추가한 방학 공부 표]

일주일을 만족스럽게 보낸 동영이는 이후에도 쭉 같은 공부를 이어가기로 했다. 방학 공부 표에는 토요일마다 주간 계획 점검을 위한 '골든 타임'을 추가했다.

"주간 계획 점검은 독서처럼 평생 이어가야 할 습관이라고 생각해야 해. 지금은 공부 계획 체크하는 정도로 시작하지만, 하다 보면 공부 목표도 세우게 되고 점점 인생의 꿈도 그려보게 되겠지. 어른이 되어서는 업무 성과를 점검하는 시간이 될 거고."

"멋있는데요?"

"꼭 공부 계획만 생각할 필요는 없어. 공부하는 마음가짐을 다잡는 시간이기도 하니까. 예를 들어 지난주에 밀리지 않고 공부를 잘한 것은 매우 감사한 대단한 일이라고 했었지? 운과 주변의 도움도 필요한 일이니까."

"네."

"그럼 다음 주 너의 마음가짐은 '감사한 마음으로 공부하기'가 될 수도 있는 거야. 그날 계획한 공부를 별 탈 없이 잘 마쳤다면 '참 감사한 일이다'라고 생각하는 거지. 아프지 않은 내 몸에 감사하고, 변함없이 문을 열고 기다리는 도서관에 감사하고. 뭐 이렇게."

매주 이렇게 점검시간을 갖는다면, 어른이 되어 나는 얼마나 멋있는 사람이 되어 있을까. 10년 뒤에는 탁월한 청년이 될 것이고, 20년 뒤에는 뛰어난 실력가가 되어 있을 것이며, 30년 후에는 놀라운 성과를 이룬 사람이 되어 있을 것이다.

돌아보고 내다보는 골든 타임은 중요하다. 주말 저녁에는 조용히 자신에게 집중하는 시간을 갖자. 지금까지 잘 왔는지, 앞으로는 어떻게 가야 할지, 고쳐야 할 점은 없는지 스스로 묻고 답하는 과정은 엄청난 자기 성장을 이끌어낸다. 무작정 공부만 하는 이들과는 차원이 다른 발전을 하게 될 것이다.

09

방학 14일 차:
감동 숙제

방학이 절반쯤 지나 매일 하는 공부가 2주를 넘기 시작하면 일상이 지겨워진다. 뇌가 비슷한 행동패턴을 익혀버렸기 때문이다.

우리의 뇌는 얼마나 똘똘한지 무엇이든 가장 적은 에너지를 들일 방법을 찾아낸다. 흔히 '잔머리'라고 핀잔받는 행동들은 사실 효율성을 추구하는 뇌가 만들어낸 창의적인 작품들일 때가 많다. 예를 들어 중학교에 막 입학했을 때는 교복에 이름표, 넥타이까지 완벽하게 차려입고 집을 나서지만, 지금은 벗겨지지 않을 정도로만 걸치고는 단추나 이름표, 넥타이 따위는 엘리베이터 안에서 해결하는 여유가 생기지 않았는가.

동영이의 방학도 마찬가지였다. 방학의 시작, 새로운 교재, 오랜만에 가는 수영장 등 새롭고 신선한 것을 경험하며 반짝이던 동영이의 뇌는 계속 익숙한 정보가 반복되자 더 이상 긴장하지 않게 되었다. 처음 몇 번은 아침에 일어나 옷을 갈아입고 욕실에 걸어두었던 수영복을 챙겨 수영장을 갔었지만, 요즘은 입고 자던 옷 그대로 신발 장 위에 던져진 채 그대로 있는 수영가방을 들고 나간다.

"굳이 옷을 갈아입을 필요가 없겠더라고요."
"수영복은? 젖은 걸 이틀 동안 가방 속에 두는 거야?"
"네. 엄마가 잔소리하기도 힘들다고 그물 같은 가방으로 바꿔 줬어요. 구멍이 숭숭 뚫려서 그냥 두면 다 말라요.

현명한 어머니다. 사춘기 아들과 입씨름을 하는 것만큼 부질없는 일이 또 있을까.

"수영장에 멋진 여자 코치님이 오시면 좋을 텐데. 그치?"
"와우! 그럼 매일 갈 거예요."

일상이 지루해질 때쯤 이런 일들이 빵빵 터져 준다면 얼마나 감사할까. 그럴 수 없다면 스스로 만들어야 한다. 이 또한 자기주도

학습을 유지해가는 실력이다.

"기분전환에 꼭 필요한 요소가 뭔지 아니?"

"재미? 음······. 뭔가 새로워야 하지 않을까요?"

"틀렸어."

"그럼 뭐예요?"

"감동."

"감동이요?"

"감동이라고 해서 뭐 가슴 뭉클한 것만 떠올릴 필요는 없어. 웃음이든 눈물이든 마음을 움직이는 게 중요해."

재밌는 것도 새로운 것도 마음을 움직이지 못한다면 소용이 없다. 마음이 움직인다는 것은 뇌에 생각 거리를 던졌다는 의미다. '이 노래를 만든 사람은 어떤 사람일까', '저 사람은 무슨 힘으로 저렇게 살 수 있을까', '인간의 능력은 어디까지일까', '지금 내 모습을 얼마나 부끄러운가' 이런 생각이 이어지면서 긴 여운을 남기고 뇌에 활력을 주는 것이다.

"감동은 아주 주관적인 거야. 사람마다 다르고 내가 처한 상황에 따라 다른 거니까. 동영이는 최근에 뭐 감동한 거 있어?"

"뭐 딱히 없는 거 같은데요."

이러니 일상이 건조할 수밖에. 감동할 기회는 생각보다 다양하다. 숨을 헐떡이며 산꼭대기에 올라가 눈 아래 펼쳐지는 장관을 보았을 때, 고음의 노래를 거침없이 부르는 시원한 목소리를 들을 때 등 가슴 뛰는 일은 많다.

"돈이 들긴 해도 콘서트나 연극 같은 공연은 얼마나 멋있니? 영화는 어때? 아니면 유튜브 같은 데서 좋은 강연을 들을 수도 있어."

자기관리를 잘하려면 내가 무엇에 감동하는지 알고 있어야 한다. 그래야 에너지 충전을 할 수 있기 때문이다. 나를 달래고 일으켜서 항상 최상의 컨디션을 유지하게 만들어야 무엇이든 잘해낼 수 있다. 지금은 공부를 하지만 성인이 되어서는 일을 하고 돈을 벌며 명예를 얻을 것이다. 나의 성과는 나를 이끄는 나에게 달렸다.

"음악을 좋아한다면 용돈을 모아서 콘서트를 보러 가야 해. 무대를 직접 보는 감동은 정말 잊을 수가 없잖아."
"선생님은 어떤 걸 하세요?"
"난 예능프로그램을 몰아서 봐."

"책 쓰고 강의하는 분이 그런 걸 본다고요?"

"그런 거라니? 웃음이 얼마나 위대한 건데! 늘 텔레비전을 보는 사람들이야 유치하다 식상하다 할 수도 있겠지만 난 그렇지 못하거든. 머리가 복잡하고 글이 잘 안 풀리고 쉴 틈 없이 바쁘다가 여유가 좀 생기면 소파에 들러붙어서 그동안 못 봤던 예능프로그램을 보는 거야. 푹 빠져서 깔깔 웃고 나면 개운해져."

나를 살리는 감동은 고상할 필요가 없다. 늦게까지 공부를 하다 새벽에 혼자 끓여 먹는 라면은 얼마나 감동적인가. 열심히 노력한 후 뿌듯하게 즐기는 나만의 휴식은 무엇이든 값지다.

동영이는 그렇게 감동 숙제를 받아서 돌아갔다. 감동 숙제는 누구에게나 필요하다. 주말에 볼 영화를 예매해 놓으면 기다리는 며칠 동안 감동할 준비에 설레고, 영화를 보고 나면 그 여운으로 다음 공부의 힘을 얻는다. 지금 책을 읽는 독자들도 내 일상에 감동을 하나씩 만들어보자. 마음에 생기가 돌아야 생각이 살아나고 긍정적인 기운이 일어난다. 그렇게 힘을 얻어야 공부도 할 수 있는 법이다.

방학 중 추천하고 싶은 감동 여행이 바로 '대학 탐방'이다. 학교에서 체험 활동 프로그램으로 한 번쯤 했었겠지만, 친구들과 가면 내 마음대로 학교를 둘러볼 수가 없으니 아쉽다. 그냥 유명한 학교 구경하는 것에 그치지 말고 희망하는 전공학과 건물도 찾아가 보자.

중학 시절 가족과 함께 대학 탐방 여행을 했던 김예진 학생은 몇 년 후 탐방했던 학교 중 한 곳에 진학했다.

"어린 시절 우리 가족은 경남 양산에 살았습니다. 초등학교 때부터 바이올린을 배웠는데 바이올린으로 진로를 정해야 할지 결정을 하지 못한 상태였어요. 부모님은 하고 싶으면 계속하라고 하셨지만 저는 자신이 없었습니다. 예고를 가지 않으면 바이올린으로 대학을 가는 건 어려울 텐데 제 실력으로 예고를 갈 수 있을지 또, 바이올린이 하기 싫어지면 어떻게 하나 걱정이 많았거든요. 그래서 중2 여름방학 때 온 가족이 저를 위해 대학 탐방 여행을 떠났습니다. 서울에 있는 대학교 중 바이올린을 전공으로 할 수 있는 학교들을 찾아다녔어요. 학교 안까지 차가 들어가는 것도 신기했고 음대 건물을 찾아가는 동안에는 설레고 긴장이 됐습니다. 건물 안에서는 연주 연습을 하는 소리가 들리기도 했습니다. 바이올린을 들고 다니는 대학생들이 보이면 얼마나 신기하고 멋있었는지 한참 바라보기도 했어요. 그 떨림을 지금도 잊을 수가 없습니다. 그 여행 후 저는 진로를 확실히 정했어요. 열심히 연습했고 서울에 있는 예고에 진학했습니다. 그리고 제가 사진을 찍었던 대학교 중 한 곳에 합격했습니다. 입학식 날 부모님과 함께 음대 건물로 갔습니다. 중학교 때 사진 찍었던 그 자리에 서서 다시 한 번 사진을 찍었어요. 여름방학 때 갔었던 대학 탐방이 아니었다면 그렇게 큰 용기를 내지는 못했을 겁니다. 여러분들께도 추천합니다. 망설이는 목표가 있다면 꼭 대학 탐방 여행을 다녀오세요."

10

방학 16일 차:
공부 저축

이틀 뒤 다시 동영이를 만났다.

동영이가 정말 감동 숙제를 했을까? 동영이는 어떤 감동을 했을까?

"감동 숙제는 했어?"

"네."

"어떤 거?"

"개그맨 김영철 아세요?"

"영어 잘하는 개그맨 아냐?"

"맞아요. 인터넷으로 그 아저씨 강의하는 거 들었어요."

"감동적이었니?"

"네. 인정."

"어떤 점에서?"

"영어를 잘하고 싶어서 매일 아침 일찍 학원에 갔다는 거예요.
원어민 선생님이랑 한 마디라도 더 해 보려고 문장을 막 외우기도
하고요 선생님 만나기 전에 메모지에 질문을 적어서 갔었대요."

공짜로 이루어지는 게 어디 있겠는가. 간절히 노력했던 이야기
는 언제 들어도 감동적이다.

"와, 나는 진짜 대충 공부하는구나 싶었어요."

"맞아. 김영철 씨가 방송에서 천연덕스럽게 영어 하는 거 보면
신기해. 존경스럽기도 하고."

"또, 꿈이 많더라고요. 하고 싶은 라디오프로그램을 마음속에
계속 생각하고 있었대요. 그러다가 어느 날 피디님이 지나가는 말
로 뭐 이런 거 하면 좋겠다고 한 거예요."

"그래서? 진짜로 그걸 하게 된 거야?"

꿈이 이루어지는 순간은 얼마나 놀라운가.
늘 깨어서 꿈을 바라면 슬머시 지나가는 기회도 놓치지 않는다.

"네. 바로 그 자리에서 진행은 어떻게 하고 시간은 언제면 좋고 콘셉트는 어떻고 구체적으로 일 이야기를 했대요. 그래서 그 프로 그램을 맡게 됐대요. 김영철 씨가 하고 싶었던 말은, 하고 싶은 일 이 있으면 항상 준비되어 있어야 한다는 이야기였어요."

감동은 이렇게 전달된다.

무뚝뚝한 듯 이어지는 동영이의 이야기를 들으며 내 마음에도 긍정적인 기운이 가득해졌다. 강연이 참 좋았던 모양인지 동영이 는 내가 더 묻지 않았는데도 이런저런 이야기들을 늘어놓으며 동 영상 이야기를 한참 했다.

"어떻게 그걸 보게 됐어? 인터넷으로 검색하다 고른 거야?"
"강연 보겠다니까 아빠가 추천해줬어요. 어차피 볼 거면 재밌 는 걸 보는 게 좋겠다고요."

강의를 골라 달라며 도움을 청하는 아들의 부탁에 아빠는 잠시 나마 아들에 대해 생각하고 아들에게 도움되는 것이 무엇일까 고 민도 했을 것이다.

"감동 숙제를 종종 내줘야겠구나."

"네. 그리고 토요일에 아빠랑 등산가기로 했어요. 초등학교 때는 아빠랑 자주 갔었는데, 중학교 와서는 잘 못 갔거든요. 토요일 공부는 어떻게 하지요?"

매일 계획에 따라 공부를 하다가 특별한 일정이 생기면 그날의 공부에 대한 대책을 마련해야 한다. 특히 방학 중에는 갑작스럽게 어딜 가거나 놀 일이 자주 생긴다. 그러니 할 수 있는 건 미리 해두고 부족한 부분은 부지런히 보충공부 하며 공부를 이어가자. 이게 바로 열심히 놀고 열심히 공부하는 생활이다.

"일단 단어 복습이랑 계획 점검은 금방 끝낼 수 있으니까 일요일로 미루자. 수학 공부가 문제네?"
"그것도 일요일에 하면 되죠."
"일요일은 웬만하면 그냥 쉬어. 다른 날 더 열심히 하는 게 좋지 않을까?"

해야 할 공부를 미루고 쉬는 것보다는 미리 해두고 쉬는 게 훨씬 몸과 마음이 편하다. 갑작스럽게 생긴 일이라면 어쩔 수 없지만, 공부 못하는 날을 미리 알 수 있다면 그날의 공부를 미리 할 수 있으니까.

"우리는 나중을 위해 저축하잖아. 공부도 그렇게 하는 거야. 공부 저축. 토요일에 할 공부를 오늘, 내일 하나씩 나눠서 하면 어떨까?"

"네에……."

"못할 것도 없잖아. 저녁 먹고 나서 여유 있는 시간에 하면 되지 않겠어? 매일도 아니고 이틀이니까."

"해볼게요."

"그래 해 봐. 하루에 하나를 다 하기 어렵다면 이틀 동안 하나를 해도 좋아. 밀린 공부가 하나 줄어드는 것만 해도 나중에 보충하는 부담이 훨씬 줄어드니까."

목	금	토	일
4 [16] 영독: 21, 22 수예: 23, 24 독서 · 책상 정리	5 [17] 수영 영독: 23, 24 수예: 25, 26 독서 · 책상 정리	6 [18] 골든 타임 영독: 단어복습 수예: 27, 28 독서 · 책상 정리	7 [19] 독서 · 책상 정리
⇓			
4 [16] 영독: 21, 22 수예: 23, 24, 25 독서 · 책상 정리	5 [17] 수영 영독: 23, 24 수예: 26, 27, 28 독서 · 책상 정리	6 [18] 등산 독서 · 책상 정리	7 [19] 골든 타임 영독: 단어복습 독서 · 책상 정리

[공부계획 수정: 토요일에 할 등산을 대비해 토요일에 하기로 했던 수학 공부를 그 전 이틀 동안 미리 공부하기로 했다. 단어 복습과 주간점검은 다음 날로 미뤘다.]

11

방학 20일 차:
마무리 시작

벌써 개학이 다가온다. 방학의 3분의 2가 지났다. 이렇게 방학이 하반기로 접어들면 슬슬 마무리를 생각해야 한다. 남은 시간은 새로운 걸 시작하는 것보다 지금까지 했던 것을 완료하는 것에 초점을 두어야 한다. 하나라도 완벽하게 했다는 성취감은 대단히 중요하기 때문이다.

진행 중인 공부를 점검하여 방학 중에 마치는 것이 어려워 보인다면 개학 후에도 공부를 이어가도록 계획을 확장하자. 보고서 작성 등 미뤄두었던 방학 숙제도 꺼내 하나씩 정리해 나가기 시작해야 한다.

　동영이는 다행히도 벌여 놓은 공부가 많지 않아서 대책 없이 밀리는 대참사는 벌어지지 않았지만, 그래도 처음에 목표했던 공부를 모두 마치려면 긴장을 놓을 수가 없다.

"등산은 어땠니?"

"와……. 산 진짜 높아요. 장난 아니에요."

"아직도 다리가 아프겠는데?"

"오늘은 좀 괜찮아요. 어제는 아침에 일어나질 못했다니까요."

"산을 제대로 다녀왔구나. 온몸으로 감동을 겪은 걸 보니."

"아, 진짜 감동 받은 거 하나 있어요."

"뭔데?"

"산꼭대기에서 아이스크림을 파는 거예요. 진짜 대박이었어요. 그런데, 산꼭대기에서 파는 아이스크림은 비비빅 딱 한 종류밖에 없는 거예요. 전 그거 평소에 먹지도 않거든요. 하지만 그때는 너무 더워서 아이스크림을 두 번에 나눠 다 먹었어요. 하하!"

　땀 범벅에 헉헉거리며 겨우 올라간 산 정상에서 아이스크림을 만나다니 그 반가움을 무엇으로 표현할 수 있을까. 편의점에서 2+1로 골라 사 먹었을 땐 결코 느낄 수 없던 감동이었을 것이다.

"훌륭하다. 감동은 충분히 받은 것 같네. 새 힘을 얻었으니 이제 현실로 돌아와야지? 수학 공부는 어떻게 했어? 토요일에 할 거 미리 하기로 했었잖아."

"아, 그거 다 못했어요.

"두 개 다?"

"목요일에 목표한 공부는 다 했는데, 금요일에 추가한 공부는 아직 못했어요. 갑자기 아빠가 같이 마트 가자고 일찍 오신 거예요. 그래서 마트에서 먹을 거 사느라 공부할 시간이 없었죠."

"아빠 귀여우신데? 가족과 마트에 가는 것도 아빠에게는 특별한 일이 될 수 있잖니."

"그러니까 말이에요."

공부하는 일상에서 언제나 겪을 수 있는 일이다. 특히 한 주간의 긴장이 풀어지는 금요일 저녁에는 이런 일들이 많다. 외식을 하러 나가기도 하고 영화를 보러 가기도 한다. 여름방학은 더운 날씨 탓에 밖에서 시간을 보내는 일이 더욱 많다.

"어쨌든 좋은 시간이었네. 꼭 그런 일이 없었더라도 금요일 저녁에는 수학 공부하기가 만만치 않았을 거야. 목요일 날 수학 하나 더 하기도 쉽지 않았지?"

“네. 그래도 목요일은 억지로 했는데 금요일은 진짜 하기 싫었어요.”

“거봐. 어쨌든 공부 계획을 다시 고쳐야겠다.”

“네. 일단 오늘은 금요일에 하기로 했던 것부터 두 개 했어요. 그런데요, 하나씩 밀리면 개학까지 다 끝내지 못하는데 어떡하죠?”

목표한 공부를 다 하지는 못했지만, 동영이의 태도는 훨씬 여유 있어 보였다.

계획대로 안 되는 건 자연스러운 일이라고 받아들이면 마음이 편하다. 오늘 할 수 있는 것에 최선을 다한 후 못한 부분은 다시 대책을 세우면 된다.

토요일까지 같은 분량의 공부를 계획했던 것이 내심 걱정스럽긴 했었다.

이렇게 쉴 틈이 없으면 밀리는 공부를 해결할 수 없기 때문이다.

동영이는 교재 분량과 공부 날짜를 맞추다 보니 어쩔 수 없었지만, 가능하다면 1~2주에 한 번은 공부 계획이 없는 날을 두어야 한다. 그래야 한숨 돌릴 여유가 생기고, 제대로 하지 못한 공부를 보충할 수 있다.

하지만 그렇게 한다 해도 모든 공부를 계획대로 개학 전까지 끝낸다는 건 결코 쉬운 일이 아니다. 그럴 땐 개학 후에도 공부를 이어가야 한다.

"하나 밀린 건 걱정할 일도 아니야. 개학하면 공부 안 할 거야? 개학 후에도 이어서 계속하면 되지, 뭐."

방학 공부를 개학식까지 끝내야 한다고 단정지으려고 못 박아 둘 필요는 없다. 개학 후 얼마 동안은 시험이나 수행평가에 부담 없는 등하교를 하니까 방학 공부를 마무리할 수 있다.

"꼭 개학 전에 끝내고 싶으면 목요일에 했던 것처럼 하루 날 잡아서 하나 더 하면 되잖아."

"어어. 그건 아닌 거 같아요."

"왜? 힘들었니?"

"네. 집에 오니까 공부하기가 싫어지더라고요. 덥고, 밖에서 막 텔레비전 소리 나고요."

"그럼 일단 놔두자. 컨디션 좋은 날 하나 더 할 수 있으면 하고."

"네."

월	화	수	목	금	토	일
8/1 [13] 수영 영독: 15, 16 수예: 17, 18 독서·책상정리	2 [14] 영독: 17, 18 수예: 19, 20 독서·책상정리	3 [15] 수영 영독: 19, 20 수예: 21, 22 독서·책상정리	4 [16] 영독: 21, 22 수예: 23, 24, 25 독서·책상정리	5 [17] 수영 영독: 23, 24 수예: 26, 27 독서·책상정리	6 [18] 등산 독서·책상정리	7 [19] 골든타임 영독: 단어복습 독서·책상정리
8 [20] 수영 영독: 25, 26 수예: 28, 29 독서·책상정리	9 [21] 영독: 27, 28 수예: 30, 31 독서·책상정리	10 [22] 수영 영독: 29, 30 수예: 32, 33 독서·책상정리	11 [23] 영독: 31, 32 수예: 34, 35 독서·책상정리	12 [24] 수영 영독: 33, 34 수예: 36, 37 독서·책상정리	13 [25] 골든 타임 영독: 단어복습 수예: 39, 40 독서·책상정리	14 [26] 독서·책상정리
15 [27] 수영 영독: 35, 36 수예: 40, 41 독서·책상정리	16 [28] 영독: 37, 38 수예: 42, 43 독서·책상정리	17 [29] 수영 영독: 39, 40 수예: 44, 45 독서·책상정리	18 [30] 개학식 수예: 46, 47 독서·책상정리	19 수예: 48 독서·책상정리	20 골든 타임 영독: 단어복습 독서·책상정리	21 독서·책상정리

[계획대로 모든 공부가 개학에 맞춰 끝나는 건 아니다. 동영이는 아빠와 마트에 가느라 하지 못했던 수학 공부를 개학 후에 하기로 했다.]

"방학도 이제 열흘밖에 안 남았어. 숙제는 다 했니?"

"체험학습 보고서 써야 돼요."

"그래, 보고서 쓰는 것도 시작해야지."

"네. 그런데, 보고서 쓰기 귀찮아요. 그냥 체험만 하면 되지 왜 써서 내라는지 모르겠어요."

체험학습 보고서가 영 마뜩잖은지 동영이는 인상을 팍 쓰며 싫은 티를 냈다. 방학 마무리 준비에 어찌 방학 숙제를 빼놓을 수가 있을까. 일기든 보고서든 동영이 말대로 그거 쓰는 게 일이긴 하다.

12

방학 23일 차:
체험 활동 보고서

동영이와 함께 체험학습 보고서를 쓰기로 한 날이 되었다. 우리는 도서관을 나와 근처 빙수 가게로 갔다. '보고서는 지겨워'라는 마음의 부담을 덜기 위해서였다.

"우와. 오늘은 여기서 해요?"

예상대로 동영이는 화사한 과일 빙수 앞에서 인상을 폈다.

아이들이 보고서 쓰기를 싫어하는 이유는 두 가지다. 하나는 보고서 쓰기가 그 앞에 한 활동에 비해 엄청 재미없기 때문이다.

체험 활동은 어딜 가거나 무엇을 보면서 흥미가 유지되는데, 보고서는 새로운 것 없이 갔던 곳, 봤던 곳을 다시 생각하는 일이니 시시하다고 느낀다. 또 하나는 글로 써야 한다는 답답함이다. 쓰려면 생각을 해야 하는데 생각을 하자니 지겹고, 생각이 나지 않는다.

"쓰는 게 편하니 말하는 게 편하니?"

"당연히 말하는 게 편하죠."

"말을 하려면 상대방이 필요하잖아. 내가 들어줄게. 쓸 내용을 이야기하다 보면 한 장 가득 쓰고도 남을 내용이 나오게 될 거야. 도서관보다는 여기가 수다 떨기에 좋잖아?"

보고서에 뭘 쓸까 억지로 짜내려고 하면 힘이 든다. 또 생각이란 게 보고서 형식에 맞추어 순서대로 떠오르지도 않는다. 처음부터 컴퓨터 앞에 앉지 말고 떠오르는 대로 이야기를 해보자. 이야기 상대가 없다면 연습장을 꺼내 놓고 무엇이든 일단 이것저것 적어보면 된다.

"뭘 쓸 거니? 임원 수련회? 강연 동영상 본 거 써도 되지 않니?"

"등산 다녀온 이야기 쓸래요. 임원 수련회는 오래돼서 생각이 나지도 않아요. 강연 동영상은 너무 짧고요."

"그래 좋아. 뭐든 쓸 때는 무엇이 내 마음을 움직였나 생각해 봐. 그걸 쓰면 돼. 꼭 어떤 곳에서 있었던 일에 한정 지을 필요도

없어. 가기 전에 했던 생각이나 다녀와서 있었던 일들도 포함되는
거야.”

공연 관람, 박물관 견학, 자연환경 답사 등의 방학 숙제는 모두
에게 주어지는 ‘감동 숙제’라고 할 수 있다. 무얼 봐야 할까, 어딜
가야 할까 막막한 우리에게 좋은 예시를 준 것이니 얼마나 감사한
가. 시키니까 한다는 수동적 태도만 버린다면 얼마든지 감동하며
숙제를 할 수 있다. 보고서를 쓸 때도 마찬가지이다. 보고서에는
내가 어느 부분에서 감동했고(느낀 점), 어떤 생각을 했는지(새로 알
게 된 점, 궁금한 점)를 기록해야 한다.

“이게 뭐예요?”
“백지에 쓰는 것보다 간단하게라도 양식이 있으면 체험 활동
보고서를 쓰기 훨씬 편해. 꼭 이대로 쓸 필요는 없지만, 맥락은 비
슷하지.”
“자유학기 때도 이런 거 쓰는 법 배웠던 거 같아요. 생각나는
것은 없지만요.”
“다들 그렇지 뭐. 하나씩 살펴볼까?”

보고서의 가장 앞에 오는 것은 제목이다. 사람마다 이름이 있듯

제목은 그 보고서의 이름이라고 할 수 있다.

"제목은 내가 받은 감동, 강조하고 싶은 주제가 잘 드러나도록 써야 해. 예를 들면, '청계산을 다녀와서' 이런 건 너무 식상하고 재미없지 않니?"

"그렇게 쓰려고 했는데요."

"다녀온 장소는 따로 쓰면 되니까 제목에 굳이 장소를 쓸 필요는 없어. 여러 곳을 들르는 경우도 많잖아."

"그럼 뭐라고 써요?"

"정상에서 먹은 아이스크림이 감동적이었으면 '다시 맛보고 싶은 아이스크림' 이렇게 할 수도 있지. 제목을 읽으면 누구나 무슨 내용일지 궁금하지 않을까?"

보고서 검사를 하는 선생님 입장이 되어보자. 뻔한 제목의 숙제를 보며 얼마나 재미없을까. 그중에서 호기심을 일으키는 제목이 하나라도 있다면 정말 반가울 것이다.

"제목 잘 짓는 것도 능력이야. 하다 보면 자꾸 는다고. 지금은 체험 활동 보고서 정도지만, 대학 입시 때는 자기소개서도 써야지. 대학 가서 쓰는 보고서는 더 말할 것도 없어."

제목을 꼭 가장 먼저 쓸 필요는 없다. 마음에 드는 제목이 단번에 떠오르는 것도 아니기 때문이다.

"당장 떠오르지 않으면 일단 빈칸으로 두고 다른 내용을 먼저 써봐. 쓰다 보면 '이걸 제목으로 해야지.'라는 생각이 떠오르기도 할 거야. 아니면 다 쓴 후에 전체 내용을 정리하면서 써도 좋아."

"오, 괜찮은데요?"

"그래. 시작부터 제목 생각하다가 탁 막히면 쓸 맛이 안 나잖아."

제목 다음에는 체험 활동의 날짜와 장소 등의 사실 개요를 적는다. 간혹 이 부분에 입장권이나 인증샷을 다녀왔다는 증거가 될 만한 사진을 붙이는 학생도 있는데, 이런 증빙자료는 보고서의 마지막에 첨부하면 된다.

"또 제 얘기네요. 저는 일단 사진부터 붙이고 시작했거든요."

"쓸 말이 없으니까 그러는 거야. 뭐라도 하나 붙이면 반 페이지는 채워지잖아."

"헤헤, 맞아요."

"날짜, 장소는 간략히 적고 그다음부터가 중요해."

"사전조사 같은 것도 해야 돼요?"

"하면 훨씬 좋지. 아는 만큼 보이는 법이거든. 산 이름의 유래 같은 건 좋은 공부가 되잖아. 인터넷 검색 조금만 해 보면 될 일이야."

사전조사는 예습과도 같다.

"예습하면 수업에 대한 기대가 커져."

"그건 그래요. 예습을 한 날은 집중도 더 잘 돼요."

"맞아. 그래서 같은 반 학생들이 모두 같은 수업을 듣지만, 예습한 학생들은 더 깊이 이해하고 더 많이 기억해."

예습을 한 학생들은 수업에 적극적이다. 예습을 하는 과정에서 수업에 대한 관심이 커지기 때문이다.

마찬가지로 사전조사를 한 학생들은 체험 활동에 능동적으로 참여한다.

"체험 활동 할 때 표지판에 쓰여진 설명은 하나도 안 읽잖아. 그런데 그 설명을 꼼꼼하게 읽으면 정말 배울 게 많거든."

"전 읽기 귀찮아서 사진만 찍어오기는 해요."

"그래서 나중에 보니?"

"전혀요."

"거봐. 사전조사는 그런 내용을 미리 살펴본다고 생각하면 돼. 전부 다는 아니라도 '이런 게 있구나~' 정도만 알고 가도 보는 눈이 달라지거든. 선생님이 조금씩 해주시는 설명도 의미 있게 들리는 거야."

사전조사의 또 다른 기능은 보고서를 미리 쓸 수 있다는 점이다. 어차피 보고서를 써야 하는 체험 활동이라면 사전조사 내용을 출발 전에 작성해 놓으면 된다. 다녀와서 보고서를 쓸 때는 이미 무언가 적혀 있으니 백지상태에서 시작하는 것보다 훨씬 부담이 덜하다.

"좀 아쉬운데요. 미리 알았으면 좋았을 걸 그랬어요. 수련회 갈 때 사전조사를 하나도 못 했잖아요. 임원수련회 때는 진짜 여기저기 많이 가고 설명도 많이 들었는데 하나도 생각 안 나요."
"사전조사를 못 했으면 사후조사를 해봐."
"사후조사는 다녀와서 하는 건가요?"

체험 활동을 하다 보면 궁금한 점이 생긴다. 시간이 부족해서 건너뛰거나 대충 보고 넘어가는 경우도 있다. 특별히 그런 내용이 없더라도 다녀온 곳에 대해 조사를 해보면 '아 그래서 그런 거구나'

하게 된다.

체험내용과 느낀 점을 쓸 때 주의할 점은 그날 벌어진 모든 일에 대해 다 쓰려 해서는 안 된다는 점이다. 특별히 보고서에 담고 싶은 내용, 강조하고 싶은 내용, 인상 깊게 배운 내용을 중심으로 보고서를 써야 한다.

"몇 시에 일어나 무슨 역에서 전철을 타고 얼마를 올랐더니 무슨 바위가 나오고 뭐 이렇게 줄줄 쓰지 말라는 거야."

"사실 그게 막막하긴 했어요. 등산은 중간에 뭐 보는 것도 없고 그냥 계속 올라가기만 하는 거잖아요."

"정상에서 먹은 아이스크림이 얼마나 감동적이었는지 강조하고 싶다면, 등산하는 과정 중에 덥고 힘들었던 이야기를 쓰면 좋겠지. 가져간 물이 부족해서 고생했다든지 땀이 많이 나서 옷을 짤 정도였다든지 뭐 그런 거."

"아, 땀 찍은 사진 있어요. 속눈썹에도 땀이 맺혔으니까요."

"좋아. 그런 사진은 본문 내용에 해당하는 거니까 관련 설명을 할 때 붙이면 돼."

이렇게만 줄기를 잡아도 한 페이지를 너끈히 쓸 수 있다. 내가 무엇에 감동을 했는지에 초점을 두면 이야기가 떠오르기 마련이다.

관련 교과도 마찬가지다. 단순히 등산만 생각하면 교과 내용과는 전혀 상관이 없을 것 같지만 내가 느낀 것, 생각한 것을 확장해 보면 얼마든지 찾아낼 수 있다.

"관련 교과는 체험내용뿐 아니라 사전/사후 조사 내용 중에도 있을 수 있어. 유난히 더운 여름과 관련해서는 엘니뇨나 이상기후, 지구온난화 같은 내용이 있을 거고. 정상에서 먹은 아이스크림이 유난히 맛있게 느껴진 건 등산하는 동안 소모한 열량 때문이기도 할 거야. 이럴 때 칼로리 계산을 해볼 수도 있지 않겠어?"
"와~ 멋진데요!"

교과 관련 내용을 쓸 때에는 꼭 교과서를 펼쳐보아야 한다. '어디서 본 것 같은데' 하는 싶은 것들을 확실히 하는 작업이기 때문이다. 해당 단원을 확인하고 평소 대충 지나갔던 부분을 다시 읽는 과정을 통해 머릿속의 지식망은 더욱 촘촘해진다.

"나중에는 교과서에서 그 내용을 공부할 때 체험 활동 했던 생각이 떠오르게 될 거야. 또 관련 교과는 한 과목에 한정되지 않아.

지구온난화 같은 주제만 해도 과학 교과서에도 있을 수 있고 사회 교과서에도 있을 수 있잖아. 같은 주제지만 과목 특성에 따라 설명하는 방법이 다를 거야. 그런 걸 비교하는 재미도 있지."

이렇게 쓰면 반 학생들이 모두 같은 산을 다녀왔다 해도 보고서의 내용은 저마다 다르다. 산과 관련된 역사적 사건들이나 이름의 유래를 쓰는 아이, 산에서 많이 자라는 나무, 풀에 대한 이야기를 쓰는 아이도 있다.

"아이스크림 먹은 것으로도 보고서를 쓸 수 있네요. 하하!"
"당연하지. 내가 가장 감동한 걸 써야 가장 좋은 보고서를 쓸 수 있어. 괜히 멋 부린다고 관심도 없는 내용을 쓰려니까 생각도 안 나고 지겨운 거라고."

억지로 쓰려고 하지 말자. 보고서는 마음속에서 자연스럽게 흘러나오는 것이다.

체험 활동 보고서

제목			
날짜/기간			
장소		함께 한 사람	
사전 조사 내용			
체험내용 · 느낀점			
사후 조사 내용			
관련교과	단원		
	내용		
증빙자료			

[체험 활동 보고서 양식 예.
간단히 한 페이지로 작성한다면 위와 같이 표 안에 쓸 수 있겠지만 쓰다 보면 내용이 많아질 수도 있다.
그럴 경우 표 대신 각 항목을 소제목으로 하여 내용을 작성하면 된다.]

13

방학 25일 차:
독서 보고서

방학이 끝나갈수록 학생들은 분주해진다. 미뤄뒀던 방학 숙제를 해야 하기 때문이다. 체험 활동, 봉사활동을 일부러 찾아다니고 미뤘던 숙제를 하느라 그동안 잘 해오던 공부도 흔들리곤 한다.

동영이는 새벽까지 체험 활동 보고서를 쓰다가 다음날 수영을 빼먹고 말았다.

"알람 소리가 전혀 들리지 않았어요. 그래서 엄마는 제가 당연히 수영 간 줄 아셨대요."

"그래서 언제 일어났어?"

"엄마가 나와 보니까 신발장에 제 신발이 그대로 있더래요. 엄마가 깜짝 놀라 저를 깨워주셨어요."

청소년기에 잠이란 얼마나 강력한지. 지쳤던 몸과 마음을 회복시킨다는 본래의 기능에 더하여 급속한 성장을 이루어내야 하기에 대단히 깊고 길다.

"그래서, 보고서는 다 썼니?"
"네. 그런 건 꽂혔을 때 확 써야 하잖아요. 다음날로 넘기면 하기 싫어질 거 같아서 그냥 다 하고 잤어요."
"잘했어. 나중에 좀 고치더라도 한 번에 쓰는 게 좋아."

하지만 무엇이든 이렇게 쓴 경우에는 다음날 반드시 다시 한 번 읽어보아야 한다. 피곤한 시간이라 오타도 많고, 빨리 끝내려는 조급함에 더 넣을 수 있는 내용도 생략해 버리기 때문이다.

"오늘 다시 읽어봤니?"
"아뇨. 다시는 보기 싫은데요."
"그럴 줄 알았어. 얼른 가서 가져와."

동영이의 등을 떠밀어 놓고 다시 빙수 가게로 향했다. 동영이가 독서 보고서에 대해 도움을 요청했기 때문이다.

"체험 활동은 쓸 게 아무것도 생각이 안 나서 고민이었거든요. 근데 독서 보고서는 반대에요. 이것저것 떠오르는 건 많은데 어떻게 쓸지를 모르겠어요."

보고서 쓰기는 어른들에게도 쉽지 않은 일이지만 특히 청소년들은 더욱 그렇다. 정리·체계화 작업을 하는 전두엽이 늦게 성장하는 탓이다. 사춘기의 뇌는 직관적으로 받아들이고 발산하는 것에는 강하지만, 정리와 연결, 마무리에는 서툴다. 그러니 쓸 게 많아도 걱정일 수밖에.

잠시 후 동영이는 출력도 귀찮았는지 노트북을 통째로 들고 나타났다. 동영이가 새벽까지 썼다는 체험 활동 보고서에는 우려했던 대로 오타로 가득했다.

"고칠 수 있는 건 고쳐봐. 맞춤법이 헷갈리는 건 찾아보고."

동영이는 띄어쓰기까지 지적하는 나의 잔소리에 고개를 절레 절레 흔들어 버렸다.

"내용은 좋은데 맞춤법이 엉망이면 어떻게 하니. 실력은 좋은데 최선을 다하지 않은 것과 같아. 이렇게 쓰면 완벽한 점수를 받기는 매우 어렵지."

"우리 선생님은 철저하게 점수 매기지도 않아요. 이 정도면 A 받는단 말이에요."

할 수 있으면서 왜 최선을 다하지 않을까. 청소년들을 보며 안타까울 때가 많다. 아이들은 귀찮다고 말하지만 최선을 다하는 건 습관이다. 점수와 상관없이 내 손에 주어진 일은 내가 할 수 있는 모든 노력을 기울여야 한다.

"어제는 빨리 자고 싶은 마음에 그냥 덮었을 거야. 오늘 보면 또 다를걸? '왜 이렇게 썼나' 싶은 부분도 있을 거고. 우선 눈에 띄는 오타부터 보자. 맞춤법도 헷갈리는 건 계속 헷갈리지 않니?"

"맞아요. 쓸 때마다 몰라요."

"거 봐. 자주 틀리는 건 그때마다 찾아봐야 해. 계속 찾다 보면 실수도 줄어들 거야."

그냥 두면 대답만 '네' 하고 안 할 것 같아 그 자리에서 고치게 했다. 해서 좋은 줄 알면서도 귀찮음을 이기지 못하는 게 인간 아닌가. 하지만 그 순간 누군가 조금만 도와주면 금방 해내고 마는 게 인간이기도 하다. 선생님도 좋고 부모님도 좋고 친구도 좋다. 나를 이롭게 하는 사람들과 함께하자. 혼자 넘어지고 혼자 일어서는 것보다 훨씬 많은 걸 얻을 수 있다.

오타를 훑어보던 동영이는 마음에 들지 않는 문장들은 다시 썼다. 역시 시작이 어렵지 일단 집중하면 곧 의욕이 생기는 법이다.

의욕이란 노력을 시작한 사람들에게 주어지는 선물이 아닐까. 어쩌면 신은 그 선물을 받을 자격을 시험하기 위해 귀찮음 같은 사소한 장애물을 일부러 만들어 놓는지도 모른다. 어떤 이들은 의욕이 생기지 않아 못하겠다고 하지만 사실 의욕은 무엇이든 실천한 후에 생기며 더 커진다. 어쨌든 아이들은 이렇게 작은 고개를 하나씩 넘으며 조금씩 큰다.

"이제 독서 보고서 쓰자. 이것도 양식을 먼저 볼까? 독서 보고서도 큰 줄기는 같아. 내가 감동한 받은 걸 쓰면 되거든. 제목에다 '수난이대를 읽고' 이렇게 쓰면 안 되는 거 알지? 보고서 제목이랑 책 제목은 다른 거야."

"에이~ 이제 그 정도는 알아요."

감동이 꼭 문학작품을 통해서만 느껴지는 건 아니다. 내셔널지 오그래픽의 사실 그대로인 사진을 보고도 감동할 수 있고 논리 정연한 신문기사를 보고도 감동할 수 있다. '어떻게 이런 장면이 있을까' '이런 사람이 있다니' 하며 생각의 문이 열렸다면 그게 바로 감동이다.

"내가 어느 부분에서 감동했는지를 가장 잘 표현할 수 있는 건 마음에 남아 있는 책 속의 한 구절이야."

"그래서 '마음에 남는 한 구절'을 먼저 적는 거군요."

"맞아. 감동한 게 너무 많아서 한 구절로 끝나지 않는 경우도 있지만, 가끔은 정~말 재미없어서 마음에 남는 구절이 떠오르지 않을 하나도 없을 때도 있어."

"그럼 어떻게 해요?"

"어떡하긴. 다른 책으로 써야지. 아무것도 떠오르지 않는 책으로 뭘 쓰겠니? 하지만 그런 경우는 거의 없어."

"전 많았는데요?"

"넌 아마 억지로 읽고 억지로 쓰느라 그랬겠지. 책을 제대로 읽긴 한 거야?"

“제대로 읽은 적은 많지 않았던 것 같아요.”

요즘은 학교에서 어떤 책을 읽으라고 정해주는 일은 많이 사라졌다. 교과 활동을 하며 관련 도서를 읽으라고 할 때는 있지만, 그럴 때에도 학생들은 마지못해 책을 읽다가 곧 재미를 느낀다.

“책은 재밌게 읽었는데 나중에 보고서 쓰려고 생각해 보면 하나도 기억나지 않을 때가 많아요.”
“그래서 나는 처음부터 책에 밑줄을 그으면서 읽어. 빌려서는 못 보는 스타일이지.”

책을 빌려서 볼 때는 포스트잇을 활용하면 좋다. 책을 읽다가 밑줄을 긋고 싶은 내용을 만나면 포스트잇을 붙여 ‘78쪽 7줄’ 이렇게 간단히 메모해두자. 포스트잇 끝을 책 바깥으로 조금 나오게 붙여두면 나중에 찾아보기도 쉽다.
느낀 점도 마찬가지다. 읽으면서 떠오르는 생각들은 포스트잇에 간단히 적어놓자. 나중에 보고서를 쓸 때는 포스트잇만 보아도 쓸 거리가 넘쳐난다.

“체험 활동 보고서 쓸 때 있었던 일을 전부 적을 필요가 없다고 했던 말, 생각나니?"

"네. 내가 이야기하고 싶은 내용을 강조하라고요."

"독서 보고서도 마찬가지야. 독서는 책을 통한 체험 활동이라고 할 수 있으니까 책 내용을 전부 다룰 필요는 없어. 책 소개하는 보고서가 아니잖아? 물론, 그게 필요할 때는 그렇게 해야지. 하지만 어떤 책을 읽고 뭘 느꼈는지는 사람마다 상황마다 다르잖니."

책을 읽고 새롭게 배운 내용이나 느낀 점을 쓸 때는 내가 흥미롭게 읽은 부분을 충분히 다루는 게 좋다. 그 내용이 왜 인상 깊었는지, 어떤 점에서 감동이 됐는지 드러나야 한다. 책은 생각의 계기를 마련해 줄 뿐이어서 그로 인한 사고의 확장 과정이 중요하기 때문이다.

"독후 활동은 뭐예요?"

"책을 읽고 나서 능동적으로 무언가 해보는 거야. 책에서 알려준 방법대로 실천해 본다거나 책에 나온 내용을 더 검색하는 거지. 어떤 책을 읽었는데 너무 재밌으면 그 작가가 쓴 다른 책에는 무엇이 있는지 찾아보게 되지 않니? 독후 활동으로 그 작가가 쓴 다른 책을 읽을 수도 있는 거지."

"지금까지 독후 활동이라고 하면 당연히 보고서 쓰는 거라고 생각했거든요.”

“보고서 쓰는 것도 독후 활동이긴 하지. 하지만 이렇게 문서로 작성하는 건 숙제가 있을 때만 하잖아. 독후 활동은 독서의 일부분이라고 할 수 있어. 보고서를 쓰든 안 쓰든 자연스럽게 이루어지는 거라고.”

“역시 선생님께 물어보길 잘했어요. 확실히 쓰는 방법을 배우면 내용이 좋아진다니까요. 독후 활동은 생각도 못 했거든요. 관련 교과는 체험 활동 썼던 것처럼 하면 되는 거죠?”

“그래. 책 찾아보면서.”

‘제대로’하는 숙제의 재미를 알아가는 동영이를 보니 흐뭇했다. 이렇게 직접 해 봐야 그 맛을 안다. 시키는 대로 했던 초등 시절을 지나 중고등학생이 되면 솟아나는 자신의 주관을 야무지게 다룰 줄 알아야 한다. 숙제로 쓰는 보고서지만 모두 훈련이고 연습이다. 내 안에 어떤 감동과 생각이 있는지 들여다보자. 그걸 쓰는 게 내 보고서다.

독서 보고서

제목		
읽은 책	제목	
	저자/역자	
	출판사	
마음에 남는 한 구절		
새롭게 배운 내용/느낀 점		
독후 활동		
관련교과	단원	
	내용	

14

방학 28일 차:
개학 준비

이제 정말 개학이 코앞이다. 늘어지게 늦잠 자며 텔레비전과 한몸이 되어 방학을 보냈다면 더위와 지루함에 지쳐 오히려 개학이 기다려질지도 모르겠지만, 방학 한 달을 오롯이 내 시간으로 보낸 아이들은 방학이 끝나가는 것이 아쉽다. 더 잘하지 못한 것이 아쉽고 개학을 하면 내 마음대로 쓸 수 있는 시간이 줄어들게 되니 또 아쉽다.

"이제 방학과도 작별인사를 해야 하지 않겠니?"
"진짜 빨리 지나간 거 같아요."

식상하다 싶으면 끝나버리는 게 방학이다.

개학 준비 중 가장 중요한 일은 방학 마무리다. 공부, 운동 등 방학을 시작하며 특별히 벌여놓았던 것들을 정리해야 한다. 여기에는 끝낼 것과 계속해야 하는 것도 있다.

"수학부터 봐야겠지?"

"네."

방학 동안 2학기 수학을 스스로 공부해보겠다고 시작한 수학 예습은, 방학 내내 동영이에게 가장 큰 미션이었다. 방학식, 개학식 날까지 모두 포함해 계획을 짰지만, 토요일까지 쉴 틈이 없었고 하루라도 공부를 못하는 날이면 바로 밀렸다. 다행히도 하루에 해야 하는 분량은 그렇게 많지 않은 편이라 매일 공부를 이어오기는 했지만, 완전히 마치려면 개학 후에도 공부를 더 해야 한다.

"혼자 이만큼 해 온 것도 정말 대단한 거야. 이 정도면 성실하다고 인정할게."

"한 달 내내 혼자 했으면 못 했을 거예요. 계속 선생님이랑 만났으니까 한 거죠."

"그래도 쉽지 않아. 나랑 공부해도 밀리는 애들은 밀리거든."

동영이의 말이 맞다. 본인의 의지가 있다 해도 구체적인 조력을
해 줄 사람이 있을 때 훨씬 큰 효과를 낸다. 조력자는 선배나 부모,
교사 등 학생보다 한 단계 위에 있는 사람이 좋다.

"개학식에도 공부를 계속 할 수 있을까? 그날은 친구들이랑 약
속잡지 않았니?"

개학식은 아이들이 놀기에 아주 좋은 구실이 된다. 오랜만에 친
구들을 만났으니 기본적으로 노래방 가고 햄버거라도 하나 사 먹
고 헤어져야 하기 때문이다.

"그렇기는 하지만, 바로 학원 간다고 하는 애들이 있으면 안 놀
수도 있어요."
"'평면도형 비'는 개학식 날 하고, 금요일은 47 '입체도형 비',
마지막 48 '닮음의 활용'은 토요일에 하자."

"네 말대로 별일 없이 집에 일찍 온다면 모두 하도록 해. 이전
에 못한 것까지 모두 해버리면 더욱 좋고."
"네."

목	금	토
18 [30] 개학식 수예: 46, 47 독서·책상 정리	19 수예: 48 독서·책상 정리	20 골든 타임 영독: 단어복습 독서·책상 정리
⇓		
18 [30] 개학식 수예: 46 독서·책상 정리	19 수예: 47 독서·책상 정리	20 골든 타임 수예: 48(끝) 영독: 단어복습 독서·책상 정리

[공부계획 수정. 개학식에 하기로 한 공부를 줄여 개학 후 토요일까지 수학 공부를 이어가기로 했다.]

수학과 달리 영어독해는 별 탈 없이 꾸준히 이어졌다.

"독해 지문이 재밌었어요. 순서대로 풀지 않고 매일 뭐 읽을까 고르는 것도 좋았고요. 아, 단어를 안 외우니까 진짜 좋더라고요. 단어 걱정 안 하니까 편안하게 읽었던 거 같아요."

동영이는 모르는 단어에 밑줄을 그어 표시하고 사전을 찾아보며 독해를 한 후 주말에 다시 한 번 밑줄 그은 단어들을 복습했다. 단어 시험을 보거나 암기하지는 않았다.

매일 지문에서 나온 단어를 외우라고 했다면 어땠을까. 아마 재밌게 읽지 못했을 것이다. 지문을 고를 때도 단어가 쉬운지 어려운지부터 보지 않았을까. 내가 어떤 주제에 관심이 있는지는 생각도 안 했을 것이다.

처음에는 동영이도 단어를 외우지 않고 넘어가는 걸 불안해했지만, 시간이 지나자 단어보다 더 많은 것을 얻게 된다는 걸 깨달았다.

"억지로 단어를 외운다고 해도 금방 까먹잖아. 외우느라 시간 걸리고 짜증나고. 영어는 꾸준히 해야 하는 공부야. 모르는 단어는 부지런히 찾아보고 익히려고 해야지. 앞으로도 영어는 앞으로 이렇게 공부해."

"네. 그럴 거예요."

영어독해나 수학 문제집은 방학과 함께 끝이 나지만 독서, 수영, 책상 정리, 골든 타임은 개학 후에도 이어가면 좋을 것이다. 방학 동안 긍정적인 경험을 했다면 지속적인 실천이 가능할 것이다.

"수영도 내일이 마지막이네? 주말만이라도 계속하는 게 어때?"

동영이는 방학 동안 수영을 꾸준하게 했다. 아침 시간이었음에도 수영을 가지 않은 날은 체험 활동 보고서 쓰다 늦게 잔 다음 날 하루뿐이었다. 처음에는 하려는 의지로 갔지만, 오랜만에 운동하는 재미도 느끼고, 중반 이후에는 코치님과 친해지면서 수영장 가는 게 놀러 가듯 편안해졌다.

"그러려고요. 8월에 다 못한 거는 자유수영으로 돌려놨어요."

하지만 골든 타임이나 책상 정리 등 수영 이외의 것들에는 큰 흥미를 못 느끼는 것 같았다. 일상이 반복되고 나와 자주 만나 공부 상태를 점검했으니 스스로 할 게 없었을 것이다. 의미를 체감한 경험이 아니면 다음에도 자발적인 실천을 기대할 수는 없다. 그래도 방법을 배웠으니 언젠가 필요가 생길 때 다시 떠올리게 될 것이다.

"독서는 어떠니?"

"만화책이랑 판타지, 추리소설은 좀 읽었어요. 다른 책들은 손이 잘 안 가더라고요."

"그래도 읽은 게 어디야. 개학 후에도 읽을 수 있겠니?"

"아직은 잘 모르겠어요."

개학하면 매일 학교 가느라 바쁘고 갔다 와서는 숙제하고 문제집 풀기도 버겁지 않은가. 때마다 수행평가 과제를 해내야 하고 중간, 기말고사도 치러야 한다. 이 와중에 무슨 책을 읽을지 고민

하고 시간을 내어 책을 읽는다는 건 만만치 않은 일이다. 잘 모르겠다는 동영이의 답은 그런 의미를 포함했을 것이다.

동영이에게 방학 동안 독서를 권한 것은 수영처럼 방학을 계기로 책 읽는 줄기를 만들 수 있을까 해서였다. 게다가 추리소설이나 판타지는 중독성이 있어 한 번 읽기 시작하면 푹 빠져들지 않는가. 하지만 읽는 동안에만 재밌어했을 뿐, 다음 책으로 확장되거나 연결되지는 못했다.

첫술에 배부를 수는 없는 법. 책에 대한 거부감이 없다면 언제라도 읽을 수 있다. 다음 방학 때 또 읽으면 된다. 방학마다 한두 권씩이라도 꾸준히 읽으면 그게 어딘가. 서서히 독서에 재미를 붙일 수 있을 것이다.

"방학이 끝나서 아쉽니?"
"네. '처음부터 이렇게 했으면 좋았을 텐데' 하는 게 좀 많았어요."
"겨울방학 때는 더 잘 해보자."
"네."

동영이에게 개학준비는 방학 동안의 노력을 되짚어보는 과정이었다. 오늘 나누었던 이야기들은 분명 다음 방학을 더욱 충실히

보내기 위한 밑거름이 될 것이다. 그 내용을 잊지 않기 위해 메모
를 했다.

방학 공부할 때 지켜야 할 것

- 기말고사 후 방학식까지의 기간을 허투루 보내지 않는다.
- 전 학기 취약 부분은 꼭 복습한다.
- 마지막 복습이므로 느리더라도 꼼꼼하게 공부한다.
- 다음 학기 공부를 할 때는 혼자 힘으로 한다.
- 체험학습 전에는 꼭 사전조사를 한다.
- 방학 동안만이라도 운동을 한다.
- 방학 동안만이라도 독서를 한다.
- 공부 계획을 할 때에는 쉬는 시간을 충분히 확보해둔다.
- 한 번 공부하는 분량은 한 시간이 넘지 않도록 한다.
- 주말에는 보충공부 외의 다른 공부 계획은 넣지 않는다.
- 계획 수정을 미루지 않는다.
- 보고서에는 내가 감동한 내용을 담는다.
- 방학 중 끝내지 못한 공부는 개학 후에도 계속한다.
- 방학이 끝나면 방학 생활을 돌아보며 다음 방학에 반영할 내용을
  메모해둔다.

15

개학 2일 후: 방학 공부 끝 = 새로운 공부의 시작

방학 동안에 공부를 실컷 한 사람이라면 개학을 하고 다시 학교에 간다는 게 이전과 다르다는 것이 느껴질 것이다. 이전에는 공부든 생활이든 학교 가는 게 전부였다면 이제는 일부러 느껴지는 것이다.

우선순위도 달라진다. 아침 일찍 학교에 가도 가기는 하지만 머릿속에는 못다 한 방학 공부가 먼저다.

동영이를 다시 만난 건 개학하고도 이틀이 지난 때였다.
동영이는 드디어 수학 문제집을 다 풀었다며 후련해 했다.

"개학식 날 집에 빨리 와서 수학 다 끝내려고 했는데요."

"그런데?"

"그날 오전 수업만 하고 그냥 집에 왔거든요. 그런데도 집에 오자마자 뻗었어요. 그러다 저녁에 일어나서 겨우 수학 하나 했다니까요."

"친구들이랑 놀지 않았어?"

"애들 다 학원 간대요."

"걔네들은 학원 가서 잤을 거야."

"하하! 맞아요."

방학 때는 하루에 두 개씩 하던 수학을 개학하니 하루에 하나 하기도 만만치 않았다. 학교 갔다 오면 만사가 귀찮아지기 때문이다. 푹 쉬고 저녁을 먹고 나면 책상에 앉을 만도 한데 소파에서 엉덩이가 떨어지질 않는다.

하교 후 공부가 만만치 않았던 건 다음 날도 마찬가지. 겨우 '입체도형의 비' 하나를 풀고 남은 하나는 결국 토요일까지도 풀지 못했다.

"그럴 거라고 했잖아. 계획은 항상 '에이 그 정도도 못 하겠어.' 할 정도로 짜면 딱 맞아.

"정말 그런가 봐요."

"어때? 방학 공부 다 끝낸 기분이?"

"진짜 날아갈 거 같아요. 안 배운 걸 혼자 한 거잖아요. 그게 진짜 뿌듯해요."

방학 공부의 시작이 방학식이 아니었듯 방학 공부의 끝은 개학식이 아니다. 나의 방학 공부가 다 끝나는 날이 방학의 끝이다.

동영이는 남은 분량이 많지 않아 주말을 넘기지 않고 목표 했던 공부가 끝이 났지만, 보통 개학 후 1~2주는 방학 공부를 마무리하는 기간이라고 봐야 한다. 하지만 학기 내내 이어가는 경우도 있다.

"그래. 한 번만 스스로 해보면 다음부턴 쉬워. 겨울방학 때도 수학 공부 혼자 할 수 있겠지?"

"네."

다음 학기에 배울 수학 진도를 공부하는 건 누구나 하는 방학 공부다. 하지만 다들 학원에 의존할 뿐 스스로 할 생각은 하지 않는다. 해 보지도 않고 '혼자 어떻게 해요?' 해버린다. 과감하게 내 공부의 지경을 넓혀보자.

"이틀 동안 수학 수업 없었어?"

"아, 있었어요. 어제요."

"그럼 또 공부 거리가 생겼네?"

"뭐요?"

"뭐긴! 방학 동안에는 개념문제만 풀었잖아. 수업 진도 맞춰서 뒤에 있는 문제들 풀어야지."

"으악!"

이제 겨우 끝이 났는데 또 시작이라니 기가 막힌 모양이었다.

"개학하고 첫 시간이라 진도는 많이 안 나갔어요.

"진도가 얼마만큼 나가는지가 중요한 게 아냐. 넌 그냥 월요일부터 풀어. 수학은 시간이 오래 걸리잖아. 학교수업이랑 앞서거니 뒤서거니 하면서 한 단원 차이 이상 벌어지지 않도록 하는 게 좋아. 네가 먼저 풀면 학교 수업이 복습이 되는 거고. 학교 진도가 빠르면 혼자 복습 문제를 푸는 거고."

"네."

동영이 목소리는 대답은 크지 않았다. 하지만 눈에는 벌써 힘이 들어가 있었다. 까짓거 매일 조금씩 풀면 못할 것도 없지 않은가.

이렇게 하다 보면 수학 독립도 남의 이야기가 아니다.

"일단 중간고사까지 그렇게 해봐. 학원 다닐 때랑 비교해서 점수가 똑같기만 해도 대박 난 거 아니니?"

공부는 이어달리기다. 시험이 끝나면 방학 공부를 하고, 방학이 끝나면 학교 수업을 따라 복습을 해야 한다. 그러다 보면 또 시험, 또 방학, 개학이 반복되고 학년이 올라갈수록 공부의 내공을 깊어지게 마련이다. 지겨울 것도 없고 두려울 것도 없다. 일단 해보자.

Part 1　Part 2　부록

부록

학년별 컨설팅 사례

> 저는 이제 중1이 되는 소년입니다. 중학생이 되기 전이자 마지막 초등학생일 때 겨울방학을 어떻게 보내야 할까요?
>
> 친구들은 학원에서 배치고사 공부한다는데 배치고사를 꼭 잘 봐야 하나요?
>
> 저는 지금까지 학원에 다녀본 적이 없는데 저처럼 놀던 애들도 이제는 다 학원 다니더라고요. 학원 갔다가 열두 시 넘어서 오는 애들도 있고요. 근데 우리 부모님은 공부하라고 잔소리하는 스타일이 아니라 캠핑 다니고 등산 다니고 체험 활동만 엄청 많이 했어요. 중학교 가면 장난 아니게 공부해야 한다는데 제가 너무 놀고 있는 건가요? 초등학교 때는 엄마랑 문제집 풀면서 공부했는데 배치고사 공부도 그렇게 하면 안 될까요?

배치고사 바로 알기

배치고사는 고른 반 편성을 위해 치르는 시험입니다. 중학교에는 여러 초등학교에서 온 다양한 학생들이 모이니까요. 학교마다 평가를 하는 기준이 다르고 게다가 초등학교는 대부분 서술형 평가를 하기 때문에 학생들의 실력을 일괄적으로 가늠하기 어렵겠죠. 그래서 중학교에서는 입학생들에게 시험을 치르게 하는 것입니다. 그게 바로 배치고사죠.

배치고사는 이제 막 초등학교를 졸업한 학생들이 보는 시험이니 시험 내용은 초등교과 내용에서 벗어나지 않습니다. 학생기록부에 남는 것도 아니어서 크게 부담을 가질 필요는 없어요. 그냥 평소 실력으로 봐도 됩니다. 배치고사를 위해 특별히 학원을 갈 필요는 없어요.

배치고사가 담임선생님께 첫인상을 준다는 것 때문에 긴장을 하는 학생들도 있습니다. 물론 그럴 수 있죠. 중간고사 전까지는 학생을 판단할 수 있는 성적 자료가 그것뿐이니 어쩔 수 없어요.

입학식 선서도 배치고사 잘 본 아이가 하고 임시반장도 배치고사 성적을 고려하지요. 그렇더라도 한두 달이면 끝입니다. 학교생활을 보며 학생의 됨됨이는 저절로 파악되게 마련이고 중간고사를 보면 제 실력이 드러나고 말아요.

배치고사 공부법

배치고사 공부를 하려거든 초등학교 교과 내용을 정리한다는 생각으로 하세요. 그래야 중학교 공부할 때도 도움이 됩니다.

배치고사는 초등학교 교과 내용을 범위로 합니다. 특히 중학교 교과 내용과 연결되는 부분이 자주 출제되지요. 그런 문제들을 모아놓은 것이 배치고사 대비용 문제집입니다.

이미 서점에 여러 종류가 나와 있을 거예요. 어느 시험이나 그렇듯 문제집에 있는 문제와 똑같은 문제는 나오지 않습니다. 우리가 해야 할 공부는 '문제화된 내용'이에요. 초등학교 6년 동안 배운 교과서를 전부 쌓아 놓고 '이게 다 배치고사 시험 범위입니다'라고 한다면 얼마나 막막하겠어요. 배치고사 문제집은 그 막막함을 덜어주는 역할을 하는 겁니다.

문제를 풀어서 맞고 틀리는 것은 전혀 중요하지 않습니다. 문제를 풀다가 잘 모르는 내용이 나오면 무조건 교과서나 참고서를 찾아서 공부하세요. 그동안 엄마랑 함께 공부를 했다니 다행입니다. 어떤 부분을 찾으면 그 내용을 공부할 수 있을지 엄마에게 도움을 구해보세요. 시간이 좀 걸리더라도 이렇게 한 권을 다 풀고 나면 머릿속에 주요 내용이 다 정리될 겁니다. 조금 더 공부를 하고 싶다면 다른 출판사 문제집도 풀어 보세요. 방법은 똑같습니다. 하지만 첫 번째 문제집보다는 시간이 덜 걸리죠. 어느 부분을 찾아야 할지도 스스로 판단할 수 있고요. 중요한 내용들이 겹치며 비슷한 문제가 많다는 것도 느낄 수 있을 것입니다.

중학교 공부에 겁먹지 마세요

중학교 공부라고 해서 특별한 것은 아닙니다. 시험이 있고 성적이 발표되니 공부에 대한 긴장이 더 되는 것은 사실이지만, 엄두를 내지 못할 만큼 어렵거나 불가능한 공부는 아닙니다. 사실, 초등학교 때 배운 내용과 중복되는 부분도 많아요. 초등학교 때 했던 것처럼 문제집 풀며 공부하면 돼요.

공부 중 엄마와 소통이 잘 된다는 것은 굉장한 이점입니다. 중학교에 가면 엄마가 알려주는 공부법들이 더욱 큰 도움이 될 거예요. 공부한 내용을 엄마에게 설명해보기도 하고 엄마가 내주는 퀴즈 문제도 맞혀보세요. 학교생활 적응에 정신이 없다 보면 공부 계획이나 시간 관리에도 엄마의 도움이 필요합니다.

지금까지 학원을 보내지 않고 체험 활동 하며 자녀를 보살핀 부모님의 의지는 대단한 것입니다. 중학교 공부에 겁먹지 마세요. 괜히 학원 다니는 아이들 보며 기죽을 필요도 없습니다. 내 공부는 내가 하는 거지요. 어떤 공부가 필요한지 판단하고 스스로 결정한 방법대로 밀고 나가세요. 부모님이 큰 힘이 되어주실 것입니다.

입학 후 열심히 공부하는 게 더 중요합니다

곧 중학생이 된다는 긴장은 배치고사에 대한 긴장으로 이어진다. 배치고사로 인해 사교육이 과열되고 학생들의 부담이 커져 배치고사를 치르지 않는 학교가 생겨날 정도다.
배치고사를 제대로 준비하지 못해 불안해했던 한 선배의 이야기를 들어보자.

민영석 군은 제주도에서 초등학교를 졸업하고, 서울로 중학교 진학을 하며 남다른 고민을 했다.

"제가 서울로 온 것은 초등학교 졸업을 앞둔 겨울이었습니다. 부모님은 저와 제 동생을 자연 속에서 키우고 싶어 하셨어요. 그래서 초등학교까지는 외갓집이 있는 제주도에서 지냈습니다.

서울에 오니 친구가 없어 외로웠습니다. 서울 아이들과 중학교 공부를 해야 한다고 생각하니 걱정이 되기도 했습니다. 그때 제가 했던 공부를 EBS 교재로 엄마와 중1 예습을 한 게 전부입니다. 배치고사 공부는 따로 하지 않았고 어떻게 하는지도 몰랐어요. 어디에 어떤 학원이 있는지도 모르니 학원은 생각도 안 했습니다. 제주도에서도 학원은 다녀본 적은 없었거든요.

배치고사를 보는 날, 학교에 갔다가 깜짝 놀랐습니다. 학원에서 나눠주는 전단지가 정말 많았기 때문이에요. 시험 보러 온 학생 중에는 학원에서 받은 프린트 같은 걸 많이 가지고 온 아이도 있었습니다. 저는 시험을 다 보고 나서야 걱정이 되어 엄마에게 말씀드렸습니다. 엄마는 앞으로 잘하면 되니까 걱정하지 말라고 말씀해 주셨어요. 그렇게 저의 중학교 생활이 시작되었습니다.

학교에서 수업을 듣고 집에 오면 문제집을 풀며 복습을 했습니다. 다른 친구들은 초등학교 때부터 공부를 많이 했는데 저는 그렇지 않으니 집에서라도 공부를 열심히 해야겠다고 생각했어요. 모르는 건 엄마와 함께 공부했습니다. 쪽지시험이 있으면 엄마랑 퀴즈를 내면서 하나도 틀리지 않도록 연습했어요. 1학기를 마치는 시험에서는 (점수는 기억이 나지 않지만) 담임선생님이 아주 잘했다고 칭찬을 해주셨습니다. 중2가 되어서도 성적은 늘 상위권을 유지하고 있습니다.

배치고사를 잘 보는 것도 좋지만, 더 중요한 것은 입학 후의 학교생활입니다. 저는 분명 배치고사를 잘 못 봤을 테지만 아무런 불이익도 받지 않았습니다. 오히려 수업 잘 듣고 열심히 공부했더니 성실하다는 칭찬을 많이 받았어요. 배치고사에 스트레스 받지 마세요. 입학 후 열심히 공부하는 게 더 중요합니다."

중1: 복습 vs 예습 중 어떤 것이 더 중요하나요?

> 중1 여학생입니다. 성적은 중위권 정도로 그렇게 잘하는 편이 아니고 그렇게 못하는 편도 아닙니다. 그냥 눈에 띄지 않게 묻어가는 스타일이죠. 근데 이번 여름방학에 공부 좀 하려고 해서요. 지금까지 한 번도 학원에 다녀본 적이 없고요. 그래서 기초지식이 없을지도 모릅니다. 부모님은 1학기 복습을 하라고 하는데, 저는 2학기 예습을 하고 싶어요. 2학기 중간·기말고사 대비도 해야 되잖아요. 어쨌든 복습이 더 중요한지 예습이 더 중요한지 그리고 어떤 방법으로 공부해야 하는지 궁금해요.

복습이 먼저입니다

부모님이 복습하라고 하는 데는 이유가 있습니다. 중1은 중·고등학교 6년간의 공부가 시작되는 첫 학년이기 때문이지요. 제대로 공부하지 못하고 지나간 부분들은 학년이 올라가면서 계속 걸림돌이 되므로 부족한 공부는 바로 해결하는 것이 가장 좋습니다.

중2, 중3 학생 중에도 어떻게 복습하면 좋을지 고민하는 학생이 많이 있습니다. 복습하는 시간이 늦어지면 늦어질수록 공부하기가 더 힘들어집니다. 매 학기 방학 때는 직전 학기의 복습을 해야 합니다. 앞으로 지켜나갈 공부 원칙으로 삼으세요. 다행히도 중학교 들어와서 맞는 첫 방학이니 이번 방학부터 실천하기 바랍니다.

잘 모르고 지나간 내용을 공부하세요

기초지식은 학원을 다녔는지 다니지 않았는지는 상관없습니다. 성적이 중간 정도라면 기초지식은 갖추어져 있다고 볼 수 있습니다. 다만, 상위권의 성적을 내기 위해서는 문제풀이를 통하여 지식을 다각적으로 활용하는 연습을 하고 헷갈리는 내용을 확실히 암기하는 등의 노력이 필요하지요. 학원에서는 이 과정을 도와줄 뿐입니다. 어쨌든 공부를 해야 하는 건 학생이에요.

학원에 다닌다고 해도 내 공부를 누가 대신 해 주는 것은 아닙니다. 특히 1학기 복습은 더욱 그렇지요. 같은 학교, 같은 반, 같은 선생님으로부터 한 학기 내내 같은 수업을 들었다 해도 학생마다 공부하는 정도는 모두 다릅니다. 어떤 부분은 쉽게 넘어가는데 어떤 부분은 굉장히 어렵기도 해요. 친구들은 다 어렵다고 하는데 나는 쉬울 수 있고, 반대의 경우도 있지요. 복습은 잘 모르고 지나간 내용이나 어렵게 느껴졌던 단원을 중심으로 이루어져야 합니다. 국·영·수·사·과 주요 과목들만 해도 좋아요.

교과서를 펼쳐서 지난 학기에 배웠던 부분을 한 장씩 넘겨보세요. 공부했던 흔적들을 보면 그 내용을 공부했던 기억이 살아납니다. 넘겨보다가 공부가 더 필요하다고 생각되는 부분이 나오면 내용을 꼼꼼히 읽어보세요. 문제집을 펼쳐서 해당 내용의 문제들을 몇 개 풀어보면 더욱 좋습니다. 이렇게 복습을 하면 전체를 훑어 볼 수 있어 좋습니다. 부족하다고 느꼈던 부분을 스스로 공부할 수 있으니 자신감이 생기고, 시간도 절약돼요.

중간·기말고사 대비는 방학 때 하는 것이 아닙니다

방학 동안 복습을 해야 하느냐 예습을 해야 하느냐는 선택의 문제가 아닙니다. 그 공부가 필요하고 또 내가 원한다면 둘 다 할 수 있어요. 앞에서 설명한 것처럼 부족한 부분만 보충하는 식으로 복습을 하면 시간이 그렇게 많이 걸리지는 않습니다. 사회나 국어 같은 건 하루 이틀 만에 끝나기도 하지요. 여유 시간에는 2학기 공부를 할 수 있습니다. 하지만 2학기 공부를 중간·기말고사 대비 방학 동안 그만큼 공부를 다 할 수도 없습니다. 특히 여름방학은 짧고 더워서 공부에 집중할 수 있는 시간이 많지 않아요. 시험을 의식하는 공부는 개학 후 수업이 시작될 때 해도 충분합니다. 방학 중에는 수업의 이해도를 높일 수 있는 바탕 공부가 적당합니다.

예습은 가볍게 하세요

예습을 해 본 적이 있나요? 예습하면 수업 집중도가 크게 올라갑니다. 미리 공부한 내용이 수업과 관련 있는 것도 이유가 되지만, 예습했다는 사실 자체로 이미 학습의욕이 올라가 있는 상태거든요. 수업 전에 이미 수업 시간을 인식하게 되고 수업 중 내가 공부한 내용이 나오면 반갑기도 해요. 그 성취감 때문에 다시 예습하게 됩니다.

방학 중 예습을 할 때는 예습의 순기능에 초점을 두어야 합니다. 교과서를 한 번 읽어보고 뜻을 모르는 단어가 나오면 찾아보세요. 문제를 푼다면 기본문제, 개념문제 정도만 풀어보면 됩니다. 더 많은 문제는 개학 후 복습하며 풀 수 있도록 남겨두세요. '2학기 때는 이런 걸 배우나 보다' 하는 정도면 됩니다.

예습은 수업을 더 잘 듣기 위해서 하는 겁니다. 개학 후 수업을 듣게 될 자신의 모습을 떠올려 보세요. 수업 중 모르는 단어가 많으면 답답하고 짜증이 나겠지요. 어려운 단어들을 미리 찾아 뜻을 메모해둔다면 어떨까요? 재빨리 뜻을 보며 설명을 듣고 수업에 내용을 더 잘 이해할 수 있을 것입니다. 세세한 부분, 어려운 문제에 마음을 뺏기지 마세요. 수업 효과를 높이기 위한 예습이라는 점을 기억하기 바랍니다.

매번 복습의 중요성을 강조하지만, 학생들의 관심은 예습으로 쏠린다. 이미 지나간 내용은 시험에 나오지 않는다는 안도감 때문일 것이다.

취약 단원만이라도 골라 복습을 하라고 해도 학생들은 그마저도 귀찮아한다. 지난 학기는 공부를 못 했으니 그냥 놔두고 새 학기부터 공부를 열심히 하겠다는 것이다. 그리고는 속으로 기초가 부족하다며 불안해한다. 이럴 때 좋은 방법이 하나 있다. 모르는 내용이 나올 때 그 부분을 철저히 복습하는 것.

지난 공부에 대한 복습은 방학 때 한 번 봤다고 완전해지지 않는다. 특히 영어 수학은 기초부터 꾸준히 밟아 오지 않으면 갑자기 어려운 내용을 배울 수 없다. 학년이 올라가면서 전 학년에 배웠던 내용이 나오는 빈도도 높아지니 복습은 언제라도 필요할 때마다 해야 한다.

○간략한 복습 후, 혹은 복습을 하지 못하고 예습 진도를 나가고 있다면 그대로 공부를 이어가자. 그러다가 이전에 배운 내용을 알아야 하는 경우가 생기면 바로 그 내용을 공부한다.

○초등학교 전과를 찾아봐야 한다면 나가던 진도를 멈추고 그렇게 하는 것이 좋다. 복습의 기회를 그냥 지나쳐서는 안 된다.

○낮은 학년의 책을 본다고 부끄러워할 필요 없다. 같은 내용이라도 낮은 학년의 책에는 더욱 쉬운 설명으로 되어 있어 혼자 공부하기에 좋다.

○모르는 내용이 나올 때마다 이렇게 철저히 복습하면 기초는 점점 탄탄해지고 지금 배우는 내용도 더 확실히 공부할 수 있다.

안녕하세요. 저는 현재 중1이고요. 수학, 영어는 과외를 하고 있는데 그 시간 말고는 신나게 놀고 있습니다. 그래서 방학 때는 한 번 열심히 해보려고요. 그런데 어떻게 공부해야 하나요? 과외를 안 하는 과목들(국, 사, 과)이 문젭니다.

과외를 충분히 활용하는 게 먼저입니다

학생은 '신나게 논다'고 했지만, 사실 두 과목 과외 하는 것도 만만한 일은 아닙니다.

과외 수업은 일주일에 두 번, 두 시간이 보통이지요. 두 과목을 하려면 하루에 두 과목은 어려울 테고 주 4회 수업을 해야 합니다. 수업할 때마다 숙제가 나오고 다음 수업 때까지 숙제하는 것도 빠듯하죠.

그런데도 뭔가 더 해야 할 것 같은 불안함은 왜 생기는 걸까요? 영어, 수학 성적은 만족할 만큼 나오고 있나요? 혹시 과외 숙제를 대충 하고 있지는 않나요? 학원이든 과외든 수업을 2시간 들으면 그 수업 내용을 복습하며 스스로 공부하는 시간도 2시간 이상이 필요합니다. 선생님은 능숙하게 풀고 빨리 읽어나가지만, 학생들은 더 많은 시간이 필요하니까요. 놀 만큼 여유롭게 과외수업을 받고 있다면 다른 과목을 추가하는 것보다 지금 하는 내 공부에 충실히 하는 것이 먼저입니다. 열심히 하지 않아서 생기는 불안함은 과목 수를 늘리는 것으로 채울 수 없기 때문이죠.

적당히 공부하는 습관은 뭘 공부하든 그만큼만 공부하게 합니다. 그런 학생들은 '하고는 있는데 성적이 오르지 않아요.' 라고 하소연을 하지요. 노는 자신의 일상이 걱정스럽다면 먼저 공부 태도를 바꾸세요. 지금 하는 과외 수업을 충분히 활용하고 수업내용을 완전히 복습하는 게 먼저입니다. 그렇게 공부하면 놀 만한 시간이 없을 겁니다. 충분히 공부했으니 놀아도 불안하지 않을 거고요.

노는 걸 불안해하지 마세요

충분히 공부하고 있는 상태라면(단지 겸손한 표현을 위해 놀아댄다고 한 것뿐이라면) 크게 걱정하지 않아도 됩니다. 열심히 한다는 것과 잠시도 쉬지 않고 계속 뭔가를 한다는 것은 다르니까요.

방학 때는 여유가 있으니 뭐 하나쯤 더 해도 되겠다 싶을 수도 있지만, 그렇더라도 섣불리 이것저것 추가하지는 마세요. 방학 때는 다음 학기 것을 미리 공부하느라 과외 수업도 숙제와 진도 분량이 많아지기도 할 거예요. 우선 한 과목만 추가했다가 일

주일 정도 지속해 본 후 밀리지 않고 공부가 잘 진행되면 이후에
다른 과목을 더하는 것이 좋습니다.

교과서 읽기가 먼저입니다

사교육 도움 없이 혼자 공부를 할 때는 시작부터 나의 의지가
반영되어야 합니다. 처음에는 국어, 사회, 과학 중 하고 싶은 하나
만 과목을 고르세요. 그냥 그 과목이 좋다거나 공부하기 편하다거
나 뭐 이유는 상관없습니다.

제일 먼저 해야 할 건 교과서 읽기예요. 문제집이나 인강(인터넷
강의)을 고르기 전에 교과서부터 읽어야 합니다. 누가 설명해주는
걸 들으면 편하고 좋지만 내가 직접 읽고 이해한 것만큼 머릿속에
제대로 자리 잡는 건 없거든요.

방학 동안 세 과목 교과서만 다 읽어도 훌륭합니다. 세 과목을
동시에 읽지 말고 한 과목씩 읽어나가세요. 단기간에 집중력 있게
읽어야 머릿속에서 흩어지지 않으니까요. 혹시 다 읽지 못하고 개
학을 하더라도 한두 과목은 건질 수 있기 때문이기도 합니다.

공부는 욕심보다 실천입니다

교과서만 읽어서 무슨 공부가 될까 걱정스러운가요? 공부는 욕심보다 실천입니다. 방학은 생각보다 짧아요. 학교 안 가니 시간이 많을 것 같지만, 그 시간을 모두 공부에 쓸 수 있는 것도 아니고요. 30~40분 공부하고 나면 지치는 게 정상이기도 합니다.

교과서 읽기를 일주일에 한 과목만 한다 해도 3주가 되니 방학 공부로 적당한 분량입니다. 이것저것 시작해 놓고 밀려버리는 것보다는 하나라도 완성하는 것이 중요합니다. 끝까지 갈 수 있을 만큼의 공부를 시작하는 게 현명하고요.

교과서 읽기가 생각보다 빨리 끝났다면 다시 한 과목씩 문제집을 풀어나가세요. 인강은 생각보다 시간이 오래 걸리기 때문에(수업 시간에 놀 때도 많고) 권하지 않겠습니다. 문제집을 풀 때도 모든 문제를 다 풀지 말고 앞부분에 있는 기본문제, 개념문제 정도만 가볍게 풀고 지나가세요. 방학 동안에는 쉬운 문제로 마지막 단원까지 풀어보는 게 좋습니다. 나머지 문제는 개학 후 복습하며 풀도록 해요.

예비 중2: EBS 듣기만 해도 되나요?

저는 예비 중2이고, 현재 교과서를 독학하고 있어요.
이것은 1학년 때 제 시험성적입니다.

1학기 중간: 64 – 전교 300 [독학]
　　　기말: 85 – 전교 194 [학원]
2학기 중간: 67 – 전교 260 [독학]
　　　기말: 80 – 전교 120 [독학]

2학기 중간만 해도 공부를 못해서 마음먹고 노력한 결과 500명 중 120등을 했어요. 그런데 문제가 하나 생겼습니다. 갑자기 등수가 올라버리니까 자만심 때문인지 공부를 못하겠어요.
기말고사 기간에는 12시까지 공부해도 좋았는데, 방학 되니까 한 시간 만이라도 집중해서 공부하기가 너무 힘들어요. 지금 공부하고 있는 책은 교과서랑 영어, 수학 문제집이 전부에요. 사회, 과학은 EBS 듣는데 문제집이 없어요. 서점에서 찾아봤는데도 없어서 그냥 EBS를 듣기만 해요.
제 공부 방법은

국어 – 안 한다
수학 – EBS and 일반 문제집
사회 – EBS만 듣는다
과학 – EBS만 듣는다
영어– 일반 문제집

이렇습니다. EBS를 듣기만 해도 될까요? 기말고사 기간에는 이렇게 공부를 했는데 방학 때도 똑같이 하면 되는지 궁금해요. 또, 저는 수학, 국어가 취약과목인데 극복하는 방법도 궁금하고요. EBS를 지루하지 않게 듣는 법도 알고 싶습니다.

EBS를 듣기만 해서는 곤란합니다

혼자 공부해서 성적이 많이 올랐으니 정말 값진 경험을 했군요. 축하합니다. 아무나 가질 수 없는 자신감을 가졌으니 이제 조금씩 공부 방법을 체계화해나가면 좋겠어요.

공부를 전혀 하지 않는 학생들에 비하면 EBS를 듣기라도 하는 게 훨씬 낫습니다. 게다가 시험 기간에 시험 범위의 내용을 들었으니 성적향상에 도움이 됐겠지요. 그렇다고 해서 그 방법을 계속 유지하는 것은 곤란합니다. 중위권의 학생들과 상위권의 학생들은 공부 수준이 다르기 때문이지요. 또, 공부는 능동적인 사고과정 즉 내가 직접 읽고, 풀고, 생각할 때 머릿속에 남습니다. 듣기만 한 정보는 익숙한 내용이기는 하지만 설명하거나 응용하기에는 한계가 있어요.

지금까지 교재를 구할 수 없어 듣기만 했다면 방학 때는 교재와 함께 공부할 수 있는 다른 강의로 공부하기 바랍니다.

문제풀이는 스스로 하세요

학교, 학원, 인강 어떤 수업이든 학생의 역할이 커질수록 학습효과도 높습니다. 지금까지 듣기만 한 인강은 선생님의 역할이 90% 이상이었죠. 지금부터는 학생의 역할이 늘어나야 합니다.

인강 수업의 진행은 보통 앞부분 개념설명이 끝나면 문제풀이로 넘어갑니다. 인강을 제대로 공부하려면 수업을 잘 듣고 수업 중 풀었던 문제들을 다시 한 번 풀어보는 복습을 해야 합니다. 수업 중 다루지 않은 문제들까지 전부 공부한다면 완벽하죠. 하지만 조금 더 적극적인 공부를 해보면 어떨까요? 개념 설명을 듣고 이해가 잘 되면 강의를 정지하고 문제는 스스로 풀어보는 거죠. 개념이해가 확실하지 않더라도 문제를 풀다 보면 '아~ 그런 거구나' 하며 거꾸로 이해될 때도 많습니다.

자신의 능력을 과소평가하지 마세요. 우리 뇌는 생각하는 힘을 가지고 있습니다. 그 힘은 사용하면 할수록 빨라지고 강해지지요. 선생님이 다 해주지 않아도 스스로 공백 상태를 메울 능력이 있어요.

문제풀이 강의를 생략하면 수업 듣는 시간이 줄어들어 지루하지 않습니다. 스스로 문제를 풀어본 후 채점을 하여 별 이상이 없으면 다음 강의로 넘어가면 됩니다. 헷갈리는 문제는 다시 풀어보고 해설지를 참고하세요. 자신이 없으면 그 부분의 강의만 들어보면 됩니다.

국어, 수학은 매일 복습 필요해요

국어가 취약과목이라고 했는데, 공부를 하지 않아 점수가 나오지 않은 것일 뿐 취약과목이라고 할 수는 없습니다.

학생은 왜 국어 공부를 하지 않았을까요? 문제집이 없다는 것은 핑계고, 문제집을 사자니 시험 한 번 보자고 책 사는 게 아깝기도 했겠죠. 산다고 해도 분량이 엄청 많아 다 풀지도 못했을 것입니다. 국어는 수학처럼 복잡한 것도 아니고 사회나 과학처럼 외울 게 많은 것도 아니니 그냥 기본실력으로 봤을 것입니다.

학생 외에도 많은 학생이 국어를 대충 넘어가는데, 이것은 올바른 공부법이 아닙니다.

수학은 문제집을 두 권이나 봤는데 왜 점수가 안 나올까요?

문제집 두 권이면 공부분량이 부족하다고 볼 수는 없습니다. 하지만 공부의 질이 낮았을 가능성은 크지요. EBS 강의로 풀어주는 것을 듣기만 하고 직접 풀어보지 않았을 수 있고요.

수학은 시간이 오래 걸리는 과목이죠. 평소에 충분히 공부해두지 않으면 시험 기간에 다 보기 어렵습니다. 시간이 부족하면 공부의 질이 떨어질 수밖에 없어요.

두 과목 모두 평소 공부가 중요합니다. 거의 매일 수업을 하는 과목이니까요.

학교 수업을 따라가며 매일 복습을 하면 가장 훌륭한 평소 공부가 됩니다. 방학 동안에는 국어는 2학년 교과서에 있는 문학작품을 읽어보고, 수학은 1학년 진도 중 어려웠던 단원들을 다시 복습하세요. 특히, 수학은 복습이 중요합니다.

> 저는 중2고요, 현재 수학 학원만 다니고 있습니다. 여름방학을
> 알차게 보내고 싶은데 도와주세요. 영어 공부를 좀 하고 싶은데
> 어떻게 해야 할지 모르겠어요. 역사나 과학도 고민이고요. 2학기
> 예습을 하고 싶은데 혼자 할 수 있을까요?

선행학습, 스스로 해보세요

학생들은 막연히 선행학습에 대한 두려움을 가지고 있습니다. 한 번도 배운 적이 없는 것은 어려울 것 같은 공부라는 것이죠. 그러니 당연히 혼자서는 할 수 없고 학원이나 과외가 필요하다고 생각합니다. 그게 아니라면 인터넷 강의라도 틀어놓아야 마음이 놓입니다.

하지만 가만히 생각해 보면 학원에서는 별로 하는 게 없습니다. 한두 시간 앉아 있다가 숙제만 한가득 안고 돌아오지요.

진짜 공부는 그 숙제를 하면서 이루어집니다. 그 숙제를 내가 내주면 되지 않을까요? 매일 얼마나 공부해야 할지 정해두고 그걸 하면 됩니다. 혼자 하는 놀이처럼요.

선행학습이라고 특별할 건 없습니다. 태어나서 처음 공부하는 것들이니 잘 모르는 게 정상이지요. 어차피 개학하면 다시 공부할 것들이니 너무 복잡하고 어려운 내용까지 할 필요는 없습니다. 교과서를 읽고 중요한 개념을 이해하는 정도면 충분해요.

영어: 나만의 자습서 만들기

영어는 교과서 본문 읽기가 기본입니다. 그냥 책을 읽어도 좋겠지만, 방학 동안의 공부이니 노트를 활용하는 방법을 알려드릴게요.

① 먼저 노트를 한 권 준비하세요. 개학 후에도 사용할 노트를 미리 사는 겁니다. 노트 왼편에 구멍이 있어 바인더에 끼울 수 있는 노트가 좋습니다. 수업시간에 받는 유인물과 함께 끼워두면 편리해요.

② 교과서 본문을 복사합니다. 교과서 CD나 홈페이지를 활용해 출력해도 됩니다. 출력한 것에서 그림과 여백을 잘라내고 텍스트만 노트에 붙이세요. 아랫부분에는 필기를 할 수 있도록 노트 상단에 붙이는 것이 좋습니다.

③ 모르는 단어, 숙어를 미리 공부하고 본문을 읽으며 해석을 해보세요. 해석을 노트에 모두 적을 필요는 없고, 헷갈리는

부분만 자습서를 참고하면 됩니다.

간혹 자습서를 보아도 왜 그렇게 해석되는지 이해가 안 될 때가 있습니다. 그런 문장에는 뭔가 중요한 숙어나 문법이 숨어있기 마련이지요. 밑줄을 그어서 표시합니다. 수업시간이 설명을 더욱 집중해야 한다는 표시죠.

④ 개학 후에는 노트를 교과서 대용으로 쓰면 됩니다. 노트 여백이 여유로우니 교과서에 깨알 필기를 하느라 애를 쓸 필요가 없어요. 수업 중 필기를 모두 노트에 하고 깨끗한 교과서는 시험공부 최종정리용으로 사용하세요.

시험공부를 마친 후 공부한 내용을 거꾸로 교과서에 적어보면 좋습니다.

역사, 과학: 핵심용어로 개념이해

역사, 과학은 핵심용어 이해가 중요합니다. 특히 과학은 원리, 법칙 안에 공식과 주요 개념이 모두 포함되어 있어 교과서 안에 있는 두꺼운 글씨만 제대로 공부해도 훌륭한 선행학습이 되지요.

① 영어와 마찬가지로 왼편에 구멍이 뚫린 노트를 준비합니다.

② 단원명을 적고 소단원 하나를 읽습니다. 대략 어떤 내용인지 파악할 정도면 됩니다. 완벽하게 이해하느라 시간을 보낼 필

요는 없어요.

③ 교과서를 읽었으면 앞으로 돌아가 두꺼운 글씨로 된 단어를 노트에 적습니다. 이제 그 핵심어의 뜻을 적는데, 인터넷 검색이나 사전 찾기를 하지 않습니다. 교과 내용에 해당하는 핵심어의 가장 정확한 뜻은 그 핵심어 앞뒤에 설명되어 있기 때문이지요. 핵심어 앞뒤 문장을 정리하여 교과서 설명만으로 개념정리를 하는 거지요. 이 방법은 단순하지만, 학습효과는 대단합니다. 단어 뜻을 적다 보면 적절한 설명을 위해 예가 필요하기도 하고, 앞에 설명한 관련 용어를 언급할 때도 있는데, 그러면서 중요한 내용을 기억하게 됩니다.

④ 개학 후에도 노트를 활용합니다. 수업 전 핵심어 정리만 살펴보아도 훌륭한 예습이 되지요. 내가 정리한 내용이므로 교과서를 읽는 것보다 훨씬 속도가 빠릅니다. 단원의 주요 내용이 머릿속에 금방 떠오르고요.

수업 중 필기는 핵심어 정리 뒷장부터 이어나가면 됩니다. 수업 중 유인물을 받으면 해당 단원에 끼워 넣으세요. 잃어버리지 않고 뒤섞이지 않아 좋습니다.

안녕하세요. 중2 여학생입니다.
국어:92
영어:96
수학:88
과학:79
역사:73
주요과목 성적이고요. 저 중에서 수학은 10점 오르고 나머지는 떨어졌습니다. 평균은 86 정도인데, 90점까지 올리고 싶습니다. 지금까지는 방학에 학원에서만 공부하고, 나머지 시간엔 딱히 공부하는 게 없어 좀 시간을 허비하는 것 같아서요. 이번 여름방학 때 공부 좀 해놓고 싶은데 어떻게 해야 할까요?

점수를 '모은다'고 생각하세요

이 정도면 비교적 성적이 괜찮은 편입니다. 평균 90점을 넘기는 건 누구에게나 만만한 일이 아니거든요. 그나마 중학교 때는 도전해 볼 만한데, 고등학교 가면 평균 80점을 넘기기가 어렵습니다.

상위권 학생들의 실력은 비슷합니다. 이 수준에서는 점수를 올린다기보다 '모은다'고 생각해야 합니다. 그래서 시험공부를 할 때는 대충 넘어가는 부분이 없도록 완벽하게 공부해야죠. 수행평가도 최선을 다해야 하고 늦게 제출해서 감점되는 일이 없게 해야 합니다. 따라서 '방학 때 바짝 하면 되지 않을까?'라는 편한 생각은 일찌감치 접는 게 좋습니다. 방학 공부는 개학 후의 공부를 준비하는 공부여야 하며 두 가지 공부가 연결되어야 합니다.

주요 과목들은 방학 중에 미리 공부를 해두세요.

개학 후 수업은 복습이 되겠죠. 예습을 철저히 하면 수업을 들으며 생각을 확장하고 더 깊이 이해할 수 있습니다. 거기에 수업 후 복습을 더하면 완벽한 공부를 할 수 있어요. 시험공부를 따로 하지 않아도 될 것입니다. 시험 기간에는 철저한 암기와 기타 과목에 시간을 더 쓸 수 있으니 이전에 놓쳤던 점수들을 챙길 수 있을 것입니다.

과목별 문제풀이로 다음 학기 공부를 하세요

이 과정을 위해 방학 중 해야 할 것은 다음 학기 예습입니다. 교과서 읽기나 핵심어 정리 등 바탕 다지기를 위한 공부도 좋지만, 성적에 욕심을 내는 상위권 학생이니 문제풀이 공부를 권하고 싶네요.

공부하려면 책이 필요하지요. 문제집이든 자습서든 공부할 책을 구입하세요. 하지만 '선행학습용' 교재는 의미가 없으며 개학 후 매일 복습이나 시험공부를 위해 볼 책을 미리 산다고 생각해야 합니다.

기본적으로 교과서와 같은 출판사에서 나온 평가문제집을 구입하면 무난해요. 하지만 지난 학기에 공부했던 경험을 고려하는 것이 가장 정확합니다.

수업 중 사용하는 교재가 있을 수도 있고 교과서 출판사에서 평가 문제집이 안 나오는 경우도 있지요. '이 책으로 공부했었는데 참 좋더라' 하는 교재가 있다면 그걸 사면 돼요.

모든 공부의 출발은 '교과서 읽기' 입니다. 하지만 선행학습을 할 때는 배우지 않은 교과서를 처음 보는 상황이지요. 게다가 혼자 공부를 하고 있으니 구경하듯 부담 없이 읽으면 됩니다.

이해가 잘 되지 않는 부분은 연필로 가볍게 표시를 해두고 그냥 넘어가세요. 처음부터 교과서를 꼼꼼하게 읽으면 시간이 지체되고 지루해져 공부의 흥미를 잃기 때문입니다. 또, 아무것도 알지 못하는 상태에서는 중요하지 않은 부분에서도 지나치게 에너지를 낭비하게 되므로 처음에는 훑어보듯 읽는 게 더 좋아요. 이후에 문제를 풀면서 교과서를 다시 보게 될 테니 걱정하지 않아도 됩니다.

문제를 풀 때 교과서를 한 번 대충 읽었다고 문제를 다 풀 수 있는 것도 아닙니다. 문제를 풀 때는 교과서를 찾아보면서 푸세요. 이 과정에서 자연스럽게 문제에 담긴 중요 내용을 꼼꼼히 살피게 됩니다. 즉, 문제는 교과서를 자세히 보기 위한 수단이 되는 거지요.

문제집의 요약정리는 보지 않아도 됩니다. 수업시간에 보게 될 것은 교과서이지 문제집 요약정리가 아니니까요.

그리고 답을 맞혀보세요. 교과서를 찾으며 풀었는데도 분명 틀린 게 나옵니다. 그러면 다시 교과서를 찾아요. 문제에 교묘하게 파인 함정에 빠졌거나 교과서의 내용을 정확히 읽지 않아서 틀린 것들이 대부분일 거예요. 이 과정에서 교과서 보기를 반복하며 헷갈렸던 부분을 더욱 자세히 보게 됩니다. 답안지는 채점할 때 외에는 가능한 보지 않도록 하며 왜 틀렸는지 도무지 알 수 없는 경우에만 참고하세요.

필기는 연필로 하세요.

학생 중에는 공부한 티를 내고 싶지 않다며 선행학습을 하면서도 필기를 전혀 하지 않는 녀석들이 있습니다. 하지만 선행학습을 했다면 흔적을 남겨야 합니다. 그것이 학교 수업 때 훌륭한 연결고리 역할을 하기 때문이니까요.

교과서를 읽고 문제를 풀면서 자연스럽게 밑줄과 물음표, 간단한 메모가 이루어져야 합니다. 수업을 들으며 수정하는 경우가 생길 수 있으니 모두 연필로 하세요.

다시 한 번 교과서를 읽어보세요.

문제를 다 풀고 나서 다시 교과서를 읽습니다. 이번에는 어떻게 읽으라고 알려주지 않아도 중요한 내용을 파악할 수 있을 거예요. 자연스럽게 문제에 나왔던 내용이 떠오르고 처음에 대충 읽었을 때와의 차이가 확연히 느껴지게 됩니다.

선행학습은 학교수업을 대신하는 것이 아닙니다. 학교수업을 더 잘 이해하기 위해 하는 것으로 학습 내용에 대한 자신감과 바탕 지식이 만들어질 정도면 충분해요. 완전히 이해되지 않은 부분이 있다면 교과서에 '수업시간에 집중하기' 라고 써 놓으면 됩니다.

Q. 제 성적은 반에서 3등~10등 정도입니다. 1등, 2등은 항상 하는 아이들이 정해져 있어요. 그래서 아무리 잘해봤자 3등입니다. 제 평균은 아슬아슬하게 88, 89점이다 이번에 겨우 90을 찍었어요. 우리 반에 잘하는 아이가 많아 전교등수는 잘 나오는 편입니다. 이 성적을 어떻게 유지할 수 있을까요? 다른 애들 공부하는 거 보면 정말 무섭습니다.

A. 평균 90점이 넘는다면 최상위권에 해당합니다. 보통 상위 4% 이내를 1등급으로 보는데 그 안에 드는 학생들이라 할 수 있지요. 특목고나 자사고의 입시에서도 합격 가능 성적을 그 정도로 보고 있고, 고등학교에서도 상위 4%까지를 1등급으로 분류합니다. 이 학생들은 누가 시키지 않아도 공부를 열심히 하며 자기만의 공부 노하우를 가지고 있습니다. 따라서 월등한 실력 차로 앞선 다든지 하기는 어렵죠. 그 안에서 성적을 유지하는 것만 해도 쉼 없는 노력이 필요합니다.

이제부터는 누굴 이기려 하거나 다른 사람보다 더 많이 해야 한 다는 '타인 기준'의 공부를 버려야 합니다. 스스로 지켜야 할 공부 기준을 정하고 양심껏 하는 공부가 필요해요. 예를 들어 시험공부를 완전하게 하지 못한 채 시험을 봤다고 합시다. 그런데도 100점을 받았다면 어떨까요. 대박이라고 좋아한다면 곧 최상위권에서 밀려나게 됩니다. 점수와 상관없이 내가 하고자 했던 공부를 마무리해야 해요. 시험은 끝났고 결과도 좋지만 내 실력의 어느 부분이 부족한지 스스로는 느끼고 있으니까요. 매 순간 나만의 공부를 완성하는 데 초점을 두어야 합니다.

공부든 무엇이든 승자는 자기와의 싸움에서 이기는 사람입니다. 특히 최상위권 학생들은 자기와의 싸움에서 이기는 것만이 현재 성적을 유지할 수 있다는 점을 명심하세요.

✎ 중3: 중3 여름방학 어떻게 보내야 할까요?

중3 여름방학 공부 어떻게 해야 될까요? 고등학교 가면 성적이 뚝뚝 떨어진다고 해서 걱정입니다. 캠프 간다는 애들도 있고 기숙학원 간다는 애들도 있다고 하더라고요. 저는 어떻게 하면 좋을까요? 방학 동안 뭔가 하긴 해야 할 텐데 갈피를 잡지 못하고 있습니다.

캠프, 기숙학원은 자발적 의지로 가야 합니다

두려움으로 가득 찬 예비 중1과 예비 고1들은 사교육 시장에서 가장 큰 비중을 차지하는 고객입니다. 특히 중3은 여름방학부터 그 시동이 걸리죠. 사교육 시장에서는 마치 평생에 다시는 공부할 기회가 없을 것처럼 광고합니다. 그 프로그램에 참여하면 새사람이 될 것 같기도 하고요. 하지만 공부란 단기간에 이루어지는 게 아닙니다. 개인차가 심한 것도 있고요.

공부 캠프나 기숙학원은 모두 숙식하며 공부하도록 학생들을 관리합니다. 규칙적인 일과가 게으름을 막아준다는 게 장점이지요. 또, 전문 강사들이 수업하며 공부 방법이나 대입정보를 알려주기도 해요. 조용한 분위기에서 자습할 수 있도록 감독을 철저하게 하지요. 공부하려고 마음먹은 학생들에게는 제격입니다. 하지만 이런 분위기가 숨 막히는 학생들도 있겠죠. 아침부터 밤까지 수업과 자습이 반복되니 멍하고 답답합니다. 사실 상당수의 학생이 졸면서 수업시간을 보냅니다. 자습 시간에도 마찬가지고요. 괜히 스트레스만 받고 돌아왔다는 학생도 많아요.

캠프든 기숙 학원이든 친구들이 간다고 흔들릴 필요는 없습니다. 스스로 어떤 공부를 하고 싶은지 생각해 보세요.

작년 고1 3월 모의고사 풀어보세요

어떤 공부를 해야 할지 갈피를 잡을 수 없다면 작년 고1 3월 모의고사 문제를 풀어보세요. 한국교육과정평가원이나 각 시·도 교육청, EBS 홈페이지에 가면 문제는 물론 답, 언어와 외국어의 듣기평가 파일까지도 내려받기를 할 수 있습니다. 수능 문제지처럼 구성되어 있으니 출력해서 손에 들기만 해도 고등학교 공부의 기운을 느낄 수 있을 거예요.

고등학생들이 보는 시험을 어떻게 푸느냐고 걱정할 필요 없습니다. 고1 3월 모의고사는 고1 때 배운 것이 거의 없는 상태에서 보는 시험이므로 중3까지의 교과과정에서 출제된 문제들이 나옵니다.

실제로 시험 보듯 제한시간을 두거나 채점을 할 필요는 없어요. 우리가 공부해야 할 것은 '시험문제를 통해 발견한 내가 모르는 것'입니다. 고1 3월 모의고사는 중학교 공부를 총정리해 놓은 것이기 때문이지요. 문제의 모든 내용을 촘촘히 공부하는 것이 좋습니다. 모르는 단어는 찾아보고, 반복해서 읽어보고, 듣기평가도 잘 들릴 때까지 반복해서 들어보세요. 특히 사회·과학 영역은 대충 해설만 읽고 지나치지 말고 중학교 때 배웠던 책들을 뒤져가며 공부하기 바랍니다.

고등학교 실전 공부를 느껴보세요

이렇게 모의고사를 한 번 풀어보는 것만으로도 엄청난 동기부여가 됩니다. 시험을 통해 공부할 것을 발견하고 찾아보며 내 것으로 만들 수 있으니 가만히 앉아 수업 듣는 것보다 훨씬 살아 있는 공부가 되지요. 특히 고등학교의 실전 공부에 대한 감을 잡을 수 있어 좋습니다.

내 꿈을 이루기 위한 공부라고는 하지만 사실 '대학 가기 위한 공부'라는 것은 부정할 수 없습니다. 고등학교 3년은 인내심과 싸우며 입시 공부를 해야 하는 기간이지요.

대학가기 위한 공부를 하기 위해서는 수능 시험에 가장 가까운 자료로 공부해야 합니다. 문제집이나 학원 등으로 돌아가지 말고

기출문제와 직접 부딪혀 보세요. 문제를 풀어보며 나의 수준과 시험에 필요한 지식, 문제를 푸는 속도 등 대학 가는 데 필요한 시험 공부가 어떤 것인지 몸과 마음으로 체험할 수 있을 것입니다.

중3: 학원 끊고 혼자 공부해도 괜찮을까요?

> 전 중3이고 성적(평균)은 88~93점 정도입니다. 영어, 수학 말고 다른 과목에서 점수를 따기 때문에 수학은 60점대, 영어는 70점 대고요.
>
> 고등학교 가면 영어랑 수학이 중요하다고 하던데, 중1, 중2, 중3 올라오면서 영어랑 수학점수가 나날이 떨어지는 것을 느낍니다. 영어 듣기 평가 점수도 바닥이고요.
>
> 얼마 전까지만 해도 종합학원에 다녔었는데, 이번 여름방학 때 학원을 그만두고 독학을 하려는데 괜찮을지 모르겠습니다. 친구 들이 독학하겠다고 학원을 그만 두더니 곧 다시 들어오더라고요. 전 그렇게는 하기 싫거든요.
>
> 이번 여름방학 때 영어 공부, 중3 수학, 고1 수학을 공부하려고 하는데 어떻게 계획을 잡으면 좋을까요?

일단 해보세요

혼자 공부를 해 본 적이 한 번도 없는 학생이군요!

혼자 공부하면 잘할 수 있을지 다른 친구들처럼 학원으로 돌아 오게 되는 건 아닐지는 해봐야 압니다. 상상하는 것만으로는 아무 것도 이루어지지 않죠. 학생은 다시 학원으로 돌아온 친구들이 우 습게 보였겠지만, 그 친구들은 나보다 먼저 용기 내서 도전하고 혼자 공부한 경험을 가진 이들입니다. 다음에 다시 혼자 공부할 마음이 생겼을 때 그 친구들은 이전의 시행착오를 되새기며 조금 더 괜찮은 공부를 할 수 있을 거고요.

이번 방학은 학원에서 나와 내 공부를 해 보세요. 결과가 어떻게 될지는 상관없습니다. '이렇게 좋은 걸 왜 몰랐을까!' 싶을 수 있고, '친구들이 없으니 심심하구나.' 라고 생각할 수도 있습니다. 어디 가는 곳이 없으니 아침에 일어나지도 않고 생활이 엉망이 될 수도 있겠죠. 혼자 공부를 하며 무엇이든 경험하고 배우게 될 테니 손해 볼 것은 하나도 없어요.

혼자 공부하는 훈련이 필요합니다

고등학교 공부에서 성적과 비례하는 유일한 조건은 '혼자 공부하는 시간'입니다. 혼자 공부하는 시간이 길면 길수록 성적이 높다는 것이죠. 사교육의 학습효과가 전혀 없는 것은 아니지만, 한계가 있습니다. 사교육을 많이 한다고 성적이 오르는 건 아니라는 거예요.

사교육으로 선행학습 중무장을 한 고1 초반에는 사교육을 한 아이들이 선방하는 것처럼 보이지만 곧 비슷해집니다. 2학기만 되어도 제 실력이 드러나고 2학년이 되면 혼자 공부하는 시간이 긴 학생들에게 밀리고 말지요.

지금도 혼자 공부하는 것이 불안한데 고등학생이 되고 난 후에는 더 힘들지 않을까요? 이런저런 시행착오를 겪느라 보내버릴 시간이 아깝기도 할 것입니다.

실제로 많은 고등학생이 혼자 하는 공부가 필요한 줄 알면서도 학원을 벗어나지 못해요. 그런 걸 생각하면 중3 여름방학은 혼자 공부하는 연습을 하기에 최적의 기회라고 할 수 있습니다.

공부 분량 욕심내지 마세요

여름방학은 약 한 달입니다. 더운 날씨와 휴가 등 공부에 집중할 수 있는 시간이 길지 않죠. 또, 스스로 하는 공부에 처음 도전하는 것이니 양보다 성취감이 더 중요합니다. 얇은 책 한 권이라도 스스로 끝내는 경험이 필요해요.

영어, 중3 수학, 고1 수학을 한 달 안에 얼마나 할 수 있을까요? 인강 틀어놓고 가만히 앉아 있는 것으로 진도 나갔다 생각하면 안 됩니다. 직접 내가 읽고 푸는 공부를 하세요. 그렇게 하려면 세 가지를 동시에 진행하기란 만만치 않을 것입니다.

아래 표는 어떻게 공부하면 좋을지 정리한 것이니 따라해 보세요.

○방학식 전 일주일이라도 공부를 먼저 시작할 수 있다면 그 기간에 중3 수학 복습을 하세요. 잘 아는 단원은 복습하지 않아도 될 테니 자신 없는 단원만 다시 한 번 보기 바랍니다.
○영어는 아무 출판사나 고등학교 교과서 자습서를 구입하여 공부하면 좋습니다. 단어, 숙어를 숙지하고 본문도 읽어봐야지요. 중

고1 수학은 방학 중 다 하지 못할 수도 있습니다. 당연한 속도이니 좌절할 필요 없어요. 개학 후에도 계속 이어나가면 됩니다.

중3 2학기는 짧지요. 중간, 기말고사을 연이어 보게 되는데 이때가 지나면 고등학교 입시를 준비하느라 학교 수업이 빽빽하지 않습니다. 이 시간을 활용하세요. 꾸준히 이어가면 혼자서도 얼마든지 고등학교 수학을 끝낼 수 있습니다.

중3 여름방학에서 고등학교 입학 전까지는 누구에게나 혼란스러운 시기이다. 공부를 해야 된다는 걸 알지만, 당장 시험을 봐야 하는 공부는 아니니 뭐가 손에 딱 잡히지 않기 때문이다.

나의 중3 시절도 마찬가지였다. 입시준비로 어수선한 교실에는 엎드려 자는 애들과 '수학의 정석'을 교과서처럼 들고 다니는 애들을 보며 나는 괜히 위축되었다. 그런데도 왜 그렇게 공부는 안 되는지. 아마 마음속에 '고등학교 가면 열심히 할 거야'라는 안전장치가 가동되어 있었기 때문인 것 같다.

그래도 수학은 조금 해야 할 것 같아 단과 학원에 등록을 했는데(종합반에 다닐 만큼 열심히 공부하고 싶지는 않았다.) 이미 나간 진도가 많아 몇 번 안 듣고 환불받아 나왔다.

학원에 있는 아이들은 벌써 몇 번째 수업을 듣는지 길고 긴 증명 문제를 연습장 한가득 뚝딱 풀어내고 있었다. '난 어떻게 하나. 이제 학원도 못 다니겠구나. 앞으로 어떻게 공부하지.'라는 생각에 고등학교 공부에 대한 두려움이 밀려왔다.

며칠을 멍하니 보내다가 책상에 앉아 수학책을 펼쳤다. '한글로 써 있을 테니 일단 보자.'라는 생각으로 읽어나갔다. 나의 자기주도학습은 이렇게 시작됐다. 멋진 다짐도 계획도 없이 '학원 수업도 못 따라가는데 뭐' 하는 우울함으로 시작했다. 그렇게 시작된 자기주도학습의 세상은 얼마나 자유롭고 편안한지. 학원 진도 따라가는 스트레스도 없고 남들 신경 쓸 것도 없었다. '어? 혼자 해도 되네?'가 느껴졌을 때는 세상을 다 얻은 듯 마음이 꽉 차올랐다. 더 이상 고등학교 공부 걱정 안 해도 된다는 안도감, 이제 학원 안 가도 된다는 다행스러움이었다.

자기주도학습은 겁먹었던 것만큼 어렵지도 복잡하지도 않았다. 논리적인 맥락에 따라 개념설명이 이어지고 유제도 풀어지니 재미가 붙었다. 복잡한 계산이 많았던 중학교 수학보다 쉽다는 느낌도 들었다.

학원 그만두기를 고민하는 학생들이 있다면 과감하게 혼자 공부하는 것에 도전해보기를 권한다. 학원 수업을 따라갈 수 없어 힘이 들거나 숙제가 많아 스트레스를 받는 학생들도 마찬가지다. '어? 혼자 해도 되네?'를 경험하자. 공부하는 자유를 알게 되면 나중에는 학원에서 오라고 해도 안 가게 될 것이다.

🖊 예비 고1: 중1 수학부터 다시 해야 할까요?

> 이제 고등학생이 되는 예비 고1입니다. 제가 국어랑 영어는 아직 문제가 없는데, 고등학교 공부는 중학교랑 다르다고 하더라고요. 그래서 겨울방학 때 공부하려고 하는데 어떻게 공부해야 할지 모르겠습니다. 어느 과목 하나만 파는 것도 아니고 다 같이 시작해야 하는데 역사, 사회는 그럭저럭, 수학이랑 과학은 싫어하고, 잘 못해요. 국어, 영어는 그나마 잘해서 문과로 가려고요.
> 제가 수학을 못하는데 중1 수학부터 다시 할까요? 아니면 중3 수학을 하고 고1 수학 들어가는 게 나을까요? 뭐부터 해야 할지 막막하네요.

열등감 회복이 먼저입니다

수학점수보다 시급한 것은 수학에 대한 열등감입니다. 점수가 낮더라도 '시험 보는 것만 아니면 수학 공부는 재밌어' 이렇게 생각할 수도 있거든요.

수학을 못한다고 우는소리를 하는 학생들을 상담해보면, 대부분 본인이 엄살을 부렸던 것보다 훌륭한 실력을 갖추고 있습니다. 단지 다른 과목에 비해 수학 점수가 나오지 않으니 수학을 못한다고 여기는 것이죠.

수학은 응용문제나 서술형 문제는 배점이 높아 몇 개만 틀려도 점수가 내려갑니다. 기본실력이 없는 것이 아닌데, 점수가 '기초도 없는 애'처럼 나오니 좌절을 할 수밖에요. 안타깝게도 이 열등 감이 수학에 대한 자신감을 3년 내내 갉아먹었던 겁니다.

이 열등감은 숫자 장난에서 시작합니다.

예를 들어, A 학생의 평균이 85점이고 수학 점수가 75점이라고 합시다. 이 학생은 수학이 평균을 다 깎아 먹는다며 수학을 원망합니다. 수학에 대한 스트레스가 생기기 시작하죠. 하지만 평균이 75점인 B 학생은 어떨까요? 수학점수가 75점이라고 해도 흔들림이 없습니다. 두 학생 모두 수학 실력은 비슷하지만, 수학을 대하는 태도는 다릅니다. 고등학교 진학을 앞두고 본격적인 공부를 시작할 때 B 학생은 편하게 수학 공부를 시작할 수 있지만, A 학생은 마음이 복잡해집니다. 이 복잡한 마음은 똑같이 출발한 달리기에서 열등감이라는 바위를 지고 뛰는 것과 같습니다.

고등학교 가기 전 그 어떤 공부보다 중요한 것은 수학에 대한 태도를 바꾸는 것입니다. 수학을 못해서 수학이 싫다는 마음과 수학에 대한 열등감, 스트레스에서 자유로워지는 게 먼저예요. 수학은 그냥 수학이고 이제부터 열심히 공부하면 그만이라고 생각하세요. 그렇지 않으면 아무리 겨울방학 공부를 잘해도 소용이 없습니다. 고등학교 가서도 조금만 수학이 어려우면 금방 포기할 테니까요.

중1 수학부터 다시 하세요

수학에 대한 열등감은 하루아침에 만들어진 것이 아닐 것입니다. 그러니 벗어나는 데도 시간이 필요하죠. 그래서 직접 경험하는 게 가장 빠르고 정확해요.

이번 겨울방학 때 다른 건 다 관두고 수학 하나만 하겠다고 다짐을 하세요. 사회, 과학, 영어 다 하겠다고 욕심부리다 제대로 하는 건 아무것도 없을 수 있으니까요.

○ 1학년 것부터 문제집을 풀기 시작하세요. 어떤 문제집을 풀까 고민할 것도 없어요. 책꽂이에 안 풀고 남아 있는 문제집이 있다면 그걸 풀면 됩니다.

○ 아무리 복습이 필요하다지만 학원에 가서 중1 학생들과 수업을 듣기는 곤란할 것입니다. 수업이 필요한 경우라면 인강을 활용하세요. 잘 하는 부분은 그냥 넘어가고 이해가 안 되는 부분, 어려운 문제풀이가 나오는 부분만 들어도 좋습니다.

○ 잘 모르거나 헷갈리는 것은 앞에서 풀었던 문제, 개념정리, 해설 등을 참고하여 스스로 풀어내세요. 혼자 생각하고 추리하면서 수학적 사고가 자라납니다.

○ 12월부터 풀기 시작하면 내년 2월까지 시간은 충분합니다. 하지만 모든 시간 수학에 집중하세요. 어딜 가나 수학 문제집과 펜을 들고 다니세요. 1분이라도 틈이 나면 한 문제라도 풀겠다는 욕심이 필요합니다.

'쉬지 않고 꾸준히'보다 무서운 것은 없습니다

내 힘으로 모든 복습을 해냈다는 경험은 엄청난 학습 동기를 일으킵니다. 자신감도 생기고 어떤 공부도 두렵지가 않지요. 그 단단함을 가지고 고등학교에 입학해야 합니다. 고등학교 공부가 어려운 것은 단지 난이도의 문제가 아닙니다. 대입을 목표로 하는 고등학교 생활은 시험을 위한 공부의 연속입니다.

선생님도 부모님도 성적과 대학 이야기뿐이에요. 그런 생활 속에서 내 공부를 이어가려면 같은 의연함이 필요합니다.

특히 수학은 전교, 전국의 모든 고등학생이 어려워하는 과목이지요. 문과를 가더라도 수학 공부는 필요합니다. 고득점을 욕심내지 않더라도 사고력 확장을 위해 수학만 한 과목이 없어요. 요즘 입시는 문·이과를 구분하지 않고 뽑는 경우가 많아 수학을 꾸준히 공부하는 것은 유리한 진학을 위해서도 필요합니다.

내 속도대로 공부하세요

공부는 정직하고 정확합니다. 대충 때운 공부는 어떻게든 점수가 빠져나가게 마련이죠. 반대로 진심으로 한 공부는 어떻게든 결과를 냅니다. 내가 할 수 있는 만큼 양심을 따라 공부하세요. 남들보다 진도가 느리다고, 공부 분량이 작다고 초조해할 필요 없습니

다. 상당수의 '수포자('수학을 포기한 사람의 준말')'는 내 속도대로 하
는 공부를 견디지 못한 이들입니다. '쉬지 않고 꾸준히' 보다 무서
운 건 없어요. 느린 것 같아도 나에게 맞는 공부를 이어가다 보면
어느새 남들보다 앞서 있을 것입니다.

내 수준에 맞는 교과서부터 공부하세요

변호사이자 『인생의 야구처럼 공부는 프로처럼』의 저자 이종훈 씨
는 초등학교 5학년부터 고등학교 2학년까지 7년 동안 야구를 했
다. 학교에 다니긴 했지만, 야구부 선수였으니 공부랑 전혀 상관없
이 운동만 하며 지냈다. 하지만 고교 졸업 후 프로 선수가 되거나
야구로 대학을 갈 만큼의 실력이 안 된다는 현실을 인지하고는 고2
때 야구를 그만 뒀다. 그리고 공부를 시작했다.
공부를 시작할 무렵 이종훈 씨의 성적은 전교 755명 중 750등, 반
52명 중 50등 꼴찌수준이었다. 공부를 안 했으니 교과서도 없었고
'I love you'도 몰랐다. 백지상태에서 이종훈 씨는 고등학교 수업
을 따라갈 수가 없었다. 그래서 중1 교과서를 사서 공부하기 시작
했다.
중1 책을 보니 이해가 되고 쉬운 걸 보니 공부에 재미가 붙었다. 고3
을 앞둔 겨울방학 때도 중학교 공부를 계속했고 고3 때는 중3 공부
를 했다. 그렇게 공부를 이어가 재수를 거쳐 인하대 법학과에 합격
했다. 군 복무 후에는 사법고시에도 도전했으며 칠전팔기의 노력 끝
에 합격했다. 운동만 하던 전교 꼴찌가 변호사로 탈바꿈한 것이다.
이종훈 씨는 자신의 공부를 되돌아보며 '공부를 처음 시작했을 때

중1 교과서를 봤던 것이 지금까지 한 일 중에 가장 잘한 일'이라고 말한다. 급한 마음에 고등학교 책을 봤다면 어려워서 포기했을 것이 분명하다고 했다. 당시에는 이 공부를 언제 다 하나 싶어 불안하고 답답하기도 했지만 결국 내 수준에 맞는 공부가 내 공부를 완성한 것이다.

기초가 부족해 걱정인 학생이라면 중1 교과서 보기를 부끄러워하지 말자. 내 수준에 맞는 공부가 학습 흥미를 돋우며 그 성취감이 더 많은 공부를 하게 한다.